FOURTH EDITION

Arbeitsbuch

FOURTH EDITION

KONTAKTE

A Communicative Approach

Arbeitsbuch

Tracy D. Terrell
Late, University of California, San Diego

Erwin Tschirner
Herder-Institut, Universität Leipzig

Brigitte Nikolai
Schulzentrum Bei der Eiche, Goslar

Ulla Hirschfeld
Institut für Sprechwissenschaft und Phonetik
Martin-Luther-Universität, Halle-Wittenberg

Contributing Writer:
Christina Kuhn
Universität Gh Kassel

Boston   Burr Ridge, IL   Dubuque, IA   Madison, WI   New York   San Francisco   St. Louis
Bangkok   Bogotá   Caracas   Lisbon   London   Madrid
Mexico City   Milan   New Delhi   Seoul   Singapore   Sydney   Taipei   Toronto

McGraw-Hill Higher Education

A Division of The McGraw-Hill Companies

This is an EBI book.

ARBEITSBUCH TO ACCOMPANY KONTAKTE: A COMMUNICATIVE APPROACH
FOURTH EDITION

Published by McGraw-Hill, an imprint of The McGraw-Hill Companies, Inc., 1221 Avenue of the Americas, New York, NY 10020. Copyright © 2000, 1996, 1992, 1988 by The McGraw-Hill Companies, Inc. All rights reserved. No part of this publication may be reproduced or distributed in any form or by any means, or stored in a database or retrieval system, without the prior written consent of The McGraw-Hill Companies, Inc., including, but not limited to, in any network or other electronic storage or transmission, or broadcast for distance learning.

2 3 4 5 6 7 8 9 0 QPD/QPD 0 9 8 7 6 5 4 3 2 1

ISBN 0–07–230972–5

Vice president and editor-in-chief: *Thalia Dorwick*
Senior sponsoring editor: *Leslie Hines*
Developmental editor: *Gregory Trauth*
Marketing manager: *Karen W. Black*
Project manager: *Sherry Padden*
Senior production supervisor: *Richard DeVitto*
Senior photo research coordinator: *Lori Hancock*
Supplement coordinator: *Louis Swaim*
Compositor: *York Graphic Services, Inc.*
Typeface: *10/12 Palatino*
Printer: *Quebecor Printing Book Group/Dubuque, IA*

Library of Congress Card Number: 00–101673

Photo Credits
Page 75: *Giraudon/Art Resource, NY*
Page 202: © *PhotoDisc/Eat, Drink and Dine*
Page 202: © *PhotoDisc/Eat, Drink and Dine*
Page 273: © *PhotoDisc*
Page 296: © *PhotoDisc*

Realia
Page 53 "Guter Ruf verpflichtet" by Josef Partykiewicz from *Spiegelbilder Karikaturisten sehen Deutschland und die Deutschen* (Munich: Paul List Verlag in der Südwest Verlag, 1992); *112* © Zefa-Hackenberg, Düsseldorf; *154* © Stuart Cohen: *154* © Stuart Cohen; *155* © Stuart Cohen; *155* © Owen Franken/German Information Center; *155* © AKG London; *155* © R. Waldkirch/H. Armstrong Roberts.

www.mhhe.com

Inhalt

TO THE INSTRUCTOR

The purpose of the *Arbeitsbuch* is to give students more opportunities to use German in meaningful ways outside of class. The *Arbeitsbuch* is divided into two preliminary chapters **(Einführung A–B)** and twelve regular chapters **(Kapitel 1–12)** that correspond to the chapters in the main text. Most chapters in the workbook have four sections:

Schriftliche Activitäten und Hörverständnis
Aussprache und Orthographie
Kulturecke
Aufsatz-Training

The Audiocassette Program must be used with the Hörverständnis and Aussprache und Orthographie sections. All activities requiring the use of the Audiocassette Program are indicated with the headphone icon.

Schriftliche Aktivitäten und Hörverständnis

These activities are organized according to the four subsections of each chapter in the main text and are entitled accordingly. For each subchapter, they start with Schriftliche Aktivitäten followed by Hörverständnis. Depending on the subchapter, the Hörverständnis begins with Dialog aus dem Text followed by Bildgeschichte, Rollenspiel, and by additional listening activities.

Schriftliche Aktivitäten

The activities in this section are designed to allow the students to write German creatively but within the natural limitations of what they know at a given point. Most of them can be done outside the class, but oral follow-up will prove profitable in many cases. Notes in the Schriftliche Aktivitäten section show students which grammar topic(s) to review before doing a particular set of exercises, as well as where to look for help while working.

Although many of the activities in Schriftliche Aktivitäten are open-ended and communicative, we have provided answers whenever possible (included at the back of the Arbeitsbuch). Answers to questions for which there is more than one correct answer are identified by the phrase "Possible Answers". You may wish to advise students that they will need to allow the differences in content when checking answers to these questions; they should be correcting only errors in form.

Hörverständnis

The **Hörverständnis** sections consist of dialogues, narratives, radio ads, and other examples of oral texts recorded on audiotape. They do not contain grammar drills. Since comprehension is achieved by developing the ability to guess at meaning based on recognition of key elements in the sentence, we have included unknown words and new grammar. Our goal was to simulate real comprehension experiences. Students may listen to each tape as many times as necessary to understand what is said, and they should be reassured that they need not understand every word to reach an acceptable level of comprehension.

Depending on the subchapter, the **Hörverständnis** starts with **Dialog aus dem Text** followed by **Bildgeschichte, Rollenspiel,** and additional listening activities.

Dialog aus dem Text contains recorded versions of the listening dialogues from the main text with brief follow-up activities. Instructors may wish to use these recorded versions (which are also found on the **Textbook Audiotape**) when presenting the dialogues in the classroom; students can also listen to them at home after they have been presented in class.

Bildgeschichte is an audio version of the **Bildgeschichte** in the main text to allow students to review the Bildgeschichte activity from class. It contains the Bildgeschichte display followed by two activities. The first activity is an input processing activity in which students listen carefully to every word being said. The second activity allows students to apply the words and structures from the Bildgeschichte to their own lives.

Rollenspiel is an enactment of the role-playing activity often contained in the last subchapter of the **Sprechsituationen** in the main text; it is designed to help prepare students to play the roles in class. In the same way as the Dialog aus dem Text and the Bildgeschichte, the **Während des Hörens** section focuses student attention on the exact words being used to process form and meaning at the same time in order to acquire the forms within a communicative setting. The **Nach dem Hören** section allows students to react in a personalized fashion to questions in the roleplay.

Each **Hörverständnis** section is completed by 1–3 listening passages students have not encountered before. The scripts for these oral texts are not included in the student workbook. Instead, the student workbook has worksheets for each text that generally include (a) a short introduction to the text, (b) a list of the new vocabulary (with English translation) that is crucial to comprehension, and (c) tasks that help students understand the passage and verify that they have grasped the main ideas.

The **Hörverständnis** sections are intended for use primarily as homework assignments, but they can also be done in class. It is a good idea for instructors to do at least a few listening activities from **Einführungen A** and **B** with students before assigning other activities in **Hörverständnis** as homework. The brief introduction for students (*To the Student*) will help them complete the assignments for the first two **Einführungen.** A section with more specific instructions and practice with suggested strategies is included before **Kapitel 1.** We also recommend that instructors repeat the training session at some point between **Kapitel 3** and **4** and at the beginning of a new semester or quarter. Such sessions are useful for making sure that students have not picked up poor listening and study habits. It is also a good idea to review the procedure and useful techniques when segments start becoming more complicated. In addition, keep in mind that, although the speakers on the tapes will not be speaking at normal native speed, due to the lack of visual cues, students may get the impression that the rate of speech is too fast. This impression will seem all the more true when the overall level of difficulty of the oral texts increases. Furthermore, the fact that the level of the input in most listening texts is slightly above the students' current level of comprehension may cause anxiety in some students. For these reasons, it is imperative that students know that they need not understand everything on the tape.

Please remember that there is a close correlation between a low affective filter and successful language acquisition. It is unwise to place undue stress on students over the assignments. They should feel confident that the listening component is a means of providing them with additional comprehensible input, not a tool for testing them at home. If students get the impression that the activities in **Hörverständnis** are being used to test them, the purpose will be doubly defeated: many will find the whole procedure too stressful and others may simply copy the answers. Most instructors find it much more useful to tell students to come to them if they have a problem and to remind them that it is not necessary to be able to answer every question correctly. Students should feel free to report any unduly difficult item(s) to their instructor.

In addition, remember that the topics of the oral texts in the workbook loosely follow those of the corresponding chapters of the main text. For this reason, it is advisable to wait until the activities in the corresponding subchapter of the main text have been done in class before giving assignments in the workbook. Students will be more motivated to do these assignments if you remind them that they will help them prepare for the listening comprehension components of their mid-term and final exams.

Finally, since the answers are given at the back of the *Arbeitsbuch*, there remains the problem of how to keep students from copying. It has been our experience that the majority of students will not cheat unless the assignment proves to be excessively difficult. In spite of this, and since in an academic environment there is always a need to measure performance, we suggest (especially if you are uncertain about whether students are copying or not) that you use two or three of the oral texts from each chapter in a short listening comprehension quiz. You may photocopy the corresponding sections from the workbook, leaving out the vocabulary section or writing different true/false or multiple choice questions. You will find that students who have done their homework honestly will do well on the quizzes and that those who merely copied will not.

Aussprache und Orthographie

We are convinced that student pronunciation depends on factors largely beyond the instructor's control, but we hope that in their regular classroom experience, students will develop pronunciation that is acceptable to most native speakers. We suggest that students be urged to concentrate on listening comprehension at first, rather than on pronunciation. They should not try to learn a large number of pronunciation rules at the beginning of the course, although some students may find it helpful to do a few pronunciation exercises in which certain problematic sounds are isolated. This is the purpose of the pronunciation exercises in the workbook. Note that these exercises generally include only words that students have already encountered in the oral class activities.

Spelling: German sound-letter correspondences are relatively simple, and many students become good spellers in German without much explicit instruction. In our experience, however, dictation exercises that focus on certain problematic areas can be effective. Note that, as in the pronunciation exercises, we have used words in the spelling exercises that the students have already encountered in the oral class activities.

Kulturecke

Each chapter of the *Arbeitsbuch* features a new section called **Kulturecke** that revisits the cultural themes introduced in the **Kultur . . . Landeskunde . . . Informationen** sections, the **Porträt,** and the **Leseecke** of the main text. The cultural information contained in the main text is reviewed and practiced using a variety of formats such as multiple choice, true/false, fill-in-the-blanks, and matching activities. Starting with **Kapitel 6,** the **Kulturecke** closes with a reading passage complete with pre- and postreading activities. The reading passage may be a poem or short story by a well-known German-speaking author (e.g., Goethe in **Kapitel 6** and **12,** Eichendorff in **Kapitel 7,** the Brothers Grimm in **Kapitel 9,** Overbeck in **Kapitel 10,** Hebel in **Kapitel 11**) or the lyrics of a contemporary pop song by a well-known German rock group (e.g., Die Prinzen in **Kapitel 8**). Readings have been selected both for their accessibility to first-year students as well as for their timelessness and relevance to the chapter theme.

Aufsatz-Training

Each chapter concludes with a guided writing task, Aufsatz-Training, designed to help students make the transition from writing simple sentences to writing longer and more varied ones, then to writing paragraphs. The aim is to build writing skills students will need to carry out everyday activities in the German-speaking world.

Acknowledgments

A number of people helped produce the fourth edition of the *Arbeitsbuch.* Heartfelt thanks to Christina Kuhn who painstakingly and expertly revised all sections except **Aussprache und Orthographie,** streamlining and improving many activities and adding some fine additional ones. A special thanks goes to Dr. Ursula Hirschfeld, who authored the phonetics sections in **Aussprache und Orthographie.** We would like to extend our gratitude to Susanne Baäckmann and Patricia Callahan, much of whose work in the third edition reappears in the pages of this fourth edition. We would also like to thank Heidi Madden, who carefully read the manuscript for authenticity of language and cultural content. Further thanks are owed to Liz Pauw for her fine production work as well as to Doris Wietfeldt for her capable editorial assistance. Finally, many thanks to Sally Richardson and Theresa Roberts for their charming, informative illustrations that brighten the pages of this *Arbeitsbuch.*

TO THE STUDENT

Each of the chapters in the *Arbeitsbuch* (*Workbook*) consists of four sections:

Schriftliche Aktivitäten und Hörverständnis	Writing activities and listening comprehension
Aussprache und Orthographie	Pronunciation and orthography
Kulturecke	Cultural activities and readings
Aufsatz-Training	Composition training

You need to use the **Audiocassette Program** with the **Hörverständnis** and **Aussprache und Orthographie** sections. All activities requiring the use of the **Audiocassette Program** are indicated with the headphone icon.

Schriftliche Aktivitäten und Hörverständnis

These activities are organized according to the four subsections of each chapter in the main text and are entitled accordingly. For each subchapter, they start with **Schriftliche Aktivitäten** followed by **Hörverständnis**. Depending on the subchapter, the **Hörverständnis** begins with **Dialog aus dem Text** followed by **Bildgeschichte, Rollenspiel,** and by additional listening activities.

Schriftliche Aktivitäten

The activities in the **Schriftliche Aktivitäten** section give you the opportunity to express your own ideas in written German on the topics covered in each chapter. When doing each activity, try to use the vocabulary and structures that you have acquired in the chapter being studied and in previous chapters. Although your main goal is still communication, you have the time when writing (as opposed to speaking) to check for correctness or to look up something you have forgotten.

Be sure to check your answers against the key in the back of the **Arbeitsbuch,** bearing in mind that, in many cases, your answers will reflect your own life and experiences. You should use the answer key (**Lösungsschlüssel**) to correct errors in form, not differences in content.

Hörverständnis

The **Hörverständnis** section contains recordings of oral texts and accompanying exercises. The recordings include segments of German classes, dialogues, narratives, and radio advertisements. They give you the opportunity to listen to and understand spoken German outside the classroom, providing exposure to a variety of contexts and pronunciations of authentic speech. Depending on the subchapter, the **Hörverständnis** starts with **Dialog aus dem Text** followed by **Bildgeschichte, Rollenspiel,** and additional listening activities.

Dialog aus dem Text contains recorded versions of the listening dialogues from the main text with brief follow-up activities for review and additional work. **Bildgeschichte** is an audio version of the Bildgeschichte in the main text to allow you to review the Bildgeschichte activity from class. It contains the Bildgeschichte display followed by two activities. The first activity asks you to listen carefully to every word being said. The second activity allows you to apply the words and structures from the Bildgeschichte to your own life. **Rollenspiel** is an enactment of the role-playing activity often contained in the last subchapter of the **Sprechsituationen** in the main text. It is designed to help you prepare to play the roles in class.

The remaining listening activities are new and designed to give you more practice in understanding authentic speech. Each worksheet is set up to help give you a general idea of the recording before you listen to it. The drawings, title of the recorded text, and short prose introduction (in English in the first few chapters) serve this function; a list of words and expressions with English translations is also included. These words may or may not be new to you, but they will help you to understand the recording. The tasks you are asked to do are also designed to help you understand what you're hearing. We suggest that you look through them before you begin listening.

1. Look over the title, the introduction, and any illustrations. These will help you get a general idea of the content of the segment.
2. Take a few moments to familiarize yourself with the new vocabulary listed and with any other words or expressions used in the exercise that you do not know.
3. Look at the task contained in the particular segment you will be listening to and make sure you understand what you are expected to do. Once you determine this, take a few seconds to map out the best strategy for completing the task. For example, when you look at the task, if you get the impression that there are too many blanks, make a mental note to try to fill in only every other blank the first time you listen. Or, if you realize that the task requires that you write out words that are too long or difficult to spell, make a mental note to write only the first three or four letters while you listen and to complete each word after you have stopped the tape.
4. Listen to the recording as many times as necessary but listen with specific questions in mind. The tape player is an "understanding" and patient learning-aid, so you need not feel hesitant about rewinding and replaying the tape as often as you need to. *Never* check the answer section until you have listened to a segment at least five times.

Most of the time, you should be able to answer the questions in the task without understanding everything in the recording. Remember what you have learned about comprehension. In the classroom you have probably had ample opportunities to prove that you can understand what is being said to you by concentrating on key words, paying close attention to context, and taking some risks. Indeed, this is how comprehension will work in real life when you interact with native speakers of German.

Once you have done several assignments, you will start to notice that you are more comfortable with them. You can get additional benefits from these materials if, at this point, you go back and listen to the tapes for chapters you have already completed. Listen while driving to school, while doing chores, or while lying down to relax. Let your mind create scenes that correspond to what you are hearing, and listen just to enjoy the exposure to the spoken language. The additional exposure of your ear and your mind to spoken German will result in increased confidence in real-life listening situations.

In order to help you maximize the benefits of this component, your instructor may play several of the recorded segments corresponding to **Einführung A** in the classroom. He or she will go over, clarify, and amplify the directions you have just read to make sure you master the procedure you need to follow. Be prepared to practice with your class and to ask your instructor any questions that come up as you read this introduction. There is also a guided practice segment before **Kapitel 1.** The goal of that segment is to provide you with the opportunity to review and try out several strategies that will be useful with the remaining **Hörverständnis** activities in this workbook.

Aussprache und Orthographie

Good pronunciation in a new language can be achieved by most people interacting in a normal communicative situation with native speakers of that language. The more spoken German you are in contact with, the more you will become used to rhythm, intonation, and sound of the language. In general, native speakers of German do not expect foreigners to speak German without a trace of an accent. There is nothing wrong with a foreign accent in German, but several errors in pronunciation can interfere with communication if they make it difficult for native speakers to understand what you want to say. For this reason we have included a series of pronunciation exercises in the *Arbeitsbuch.* They are designed to attune your ear to the differences between English and German and to help you pronounce German better.

The **Aussprache** sections use words you already know in order to give you the opportunity to practice the pronunciation of a particular sound they have in common. First, an explanation of the pronunciation of the sound is given, followed by examples for you to repeat aloud. The idea is not for you to memorize all pronunciation rules but to develop a feel for good pronunciation in German. If you are having problems in hearing or pronouncing, please consult your teacher. Make recordings of your own pronunciation regularly and listen carefully whether they sound like the original. When you are content with your results, let your teacher listen to the recordings. He or she will give you further instructions.

The **Orthographie** sections consist of spelling rules and examples followed by dictation exercises. You will be familiar with the words in these dictation exercises from the oral activities done in class. Again the idea is not to memorize a large number of spelling rules, but rather to concentrate on items that may be a problem for you. Remember to check the answers in the back of the *Arbeitsbuch* when you have completed these exercises.

Kulturecke

Each chapter of the *Arbeitsbuch* includes a section called **Kulturecke** that is meant to help you review and assimilate the cultural information found in the **Kultur . . . Landeskunde . . . Informationen** sections, the **Porträt,** and the **Leseecke** of the main text. Using a variety of formats, these cultural activities—much like game shows and board games like Jeopardy and Trivial Pursuit—are both entertaining and edifying. Consider working together with your classmates outside of class on this section.

Starting with **Kapitel 6,** the **Kulturecke** closes with a reading passage complete with pre- and postreading activities. The reading passage may be a poem or short story by a well-known German-speaking author or the lyrics of a contemporary pop song by a well-known German rock group (the songs are included on the Audiocassette Program to Accompany *Kontakte Arbeitsbuch*). These reading passages are accompanied by a number of activities designed to help you understand the passages more readily and to appreciate their cultural value.

Aufstaz-Training

Each chapter concludes with a guided writing task, **Aufsatz-Training,** designed to help you make the transition from writing simple sentences to writing longer and more varied ones, then to writing paragraphs. The aim is to build writing skills you will need to carry out everyday activities in the German-speaking world.

EINFÜHRUNG  **A**

AUFFORDERUNGEN

· ·

Schriftliche Aktivitäten

TPR. Under each drawing, write the command Professor Schulz gave the students.

➜ Lesen Sie Grammatik A.1, „Giving instructions: polite commands"!

Geben Sie mir das Buch!　　Lesen Sie!　　　　　Setzen Sie sich!
Gehen Sie!　　　　　　　　Schauen Sie!　　　　Springen Sie!
Hören Sie zu!　　　　　　　Schreiben Sie!　　　　Stehen Sie auf!
Laufen Sie!

1. _____

2. _____

3. _____

4. _____

5. _____   6. _____

Hörverständnis

Aufforderungen. You will hear a part of Professor Schulz's German class. The students are participating in a Total Physical Response (TPR) activity.

Frau Schulz gibt Aufforderungen.

Professor Schulz's commands to the class are listed below out of sequence. Number the commands from 1 to 9 in the order you hear them.

_____ Gehen Sie.   _____ Schauen Sie an die Tafel.

_____ Springen Sie.   _____ Sagen Sie „Auf Wiedersehen".

_____ Nehmen Sie ein Buch.   _____ Schließen Sie das Buch.

_____ Laufen Sie.   _____ Lesen Sie.

_____ Öffnen Sie das Buch.

NAMEN

· ·

Schriftliche Aktivitäten

Frau Schulz's Klasse. Answer the following questions based on the pictures.

➔ Lesen Sie Grammatik A.2, „What is your name? The verb **heißen**"!

MODELL: Wie heißt der Student mit dem Bart? →
          Er heißt Albert.

1. Wie heißt die Studentin mit den kurzen schwarzen Haaren?

   _____

2. Wie heißt die Studentin mit den langen blonden Haaren?

   _____

3. Wie heißt die Studentin mit den langen schwarzen Haaren?

   _____

4. Wie heißt der Student mit dem Schnurrbart?

   _____

5. Wie heißt der Student mit der Brille?

   _____

6. Wie heißt der Student mit den langen Haaren?

   _____

7. Wie heißen die vier Studentinnen?

Sie heißen _____

_____

8. Wie heißen die vier Studenten?

_____

Hörverständnis

Namen der Studenten. Nora is a new student in the German class. She doesn't know the names of all her classmates yet, and Albert is trying to help.

Nora, eine neue Studentin im Deutschkurs, spricht mit Albert.

Listen to the conversation between Albert and Nora, and list the names they mention in the order in which you hear them. (Here are the names out of order: Stefan, Gabi, Monika, Heidi.)

1. _____   3. _____

2. _____   4. _____

Name _____ Datum _____ Klasse _____

BESCHREIBUNGEN

Schriftliche Aktivitäten

A. Max. Read the following description and, in the space provided, draw the person described.

Max ist groß und schlank. Er hat langes Haar und einen Schnurrbart und er trägt eine Brille. Seine Nase ist lang, sein Mund ist klein und er hat große Ohren. Er trägt eine schwarze Hose, ein weißes Hemd und Tennisschuhe.

B. Wie sind Sie? Use the words from the list below or the words in parentheses in the sentences to describe yourself. In the boxes, put the correct form of the appropriate verb (**sein / haben**).

→ Lesen Sie Grammatik A.4, „Who are you? The verb **sein**" und A.5, „What do you have? The verb **haben**"!

FARBEN	ADJEKTIVE
blau	lang / kurz
blond	groß / klein
braun	schlank, dünn / dick
gelb	jung / alt
grau
grün
orange
rosa
rot
schwarz
weiß

MODELL: Ich [bin] _Studentin_. (Student / Studentin)

1. Ich [ ] _____. (Student / Studentin)

2. Meine Augen [ ] _____.

3. Mein Haar [ ] _____ und _____.

Einführung A   **5**

4. Meine Bluse / Mein Hemd / Mein T-Shirt ☐_____ .

5. Ich ☐_____ . (eine Brille / einen Bart / ein Buch).

Hörverständnis

Beschreibungen. Michael Pusch introduces and describes himself.

NEUE VOKABELN[1]

schick   *chic*
teures   *expensive*
einfach   *simply*

Wer sieht wie Michael aus? Circle the picture that most closely resembles Michael according to his description of himself.

[1]*vocabulary*

KLEIDUNG

∙∙∙

Schriftliche Aktivitäten

Buchstabensalat. Circle all the German words for articles of clothing that you can find. The words may run in all directions: forward, backward, up, down, and diagonally.

```
G  B  L  B  I  D  L  U  S  A  F  A  P
M  L  N  L  J  M  B  M  A  N  T  E  L
F  A  L  U  A  E  T  T  A  W  A  R  K
T  R  G  S  C  H  U  H  E  H  U  T  H
O  L  M  E  K  V  D  O  U  A  W  Q  I
I  N  S  L  E  S  A  S  B  T  H  E  M
W  S  E  R  O  C  K  E  D  A  M  T  Y
```

Hörverständnis

Kleidung. Heidi and Stefan, students in Professor Schulz's class, are talking about the clothes that the instructor and the other students are wearing.

NEUE VOKABELN
Quatsch! *Nonsense!*

Stefan und Heidi sprechen im Deutschkurs über die Kleidung der anderen Studenten.

Richtig oder falsch? Listen to the conversation, and then indicate whether the following statements are true or false (**richtig [R]** *oder* **falsch [F]**).

1. _____ Monikas Bluse ist lila.

2. _____ Noras Bluse ist orange.

3. _____ Alberts Hose ist grau.

4. _____ Peters Jacke ist blau.

5. _____ Frau Schulz's Kleid ist blau und schön.

FARBEN

· ·

Schriftliche Aktivitäten

Welche Farbe ist das? Write the names of the color appropriate for each item in the blank.

1. _____   2. _____   3. _____   4. _____   5. _____   6. _____

Hörverständnis

Farben. Today in Professor Schulz's class the students are counting the number of people wearing the same color clothing.

Wie viele Studentinnen tragen...?

NEUE VOKABELN
stellt . . . Fragen *asks questions*

Frau Schulz stellt den Studenten Fragen.

Indicate the number of students wearing each article of clothing mentioned.

1. _____ Studentinnen tragen weiße Blusen.

2. _____ Studenten tragen blaue Hemden.

3. _____ Studenten tragen braune Hosen.

ZAHLEN

Schriftliche Aktivitäten

Kreuzworträtsel. Spell the numbers. Note that in crossword puzzles **ß** is spelled **ss.**

WAAGERECHT (*Horizontal*)

1. 100
2. 14
3. 20

SENKRECHT (*Vertical*)

1. 1
2. 30
3. 3
4. 8
5. 10

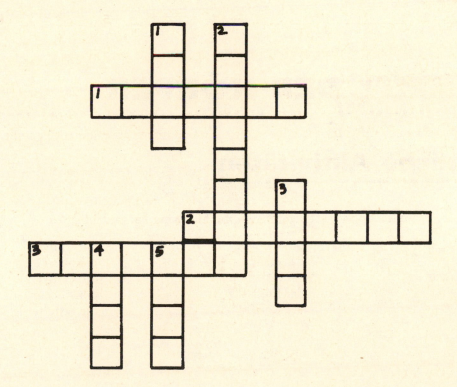

Hörverständnis

Zahlen. Professor Schulz is dictating random numbers between 10 and 100 to her class.

NEUE VOKABELN

zwischen *between*
Entschuldigung! *Excuse me! / Pardon me!*
Gern! *Gladly!*

Frau Schulz diktiert Zahlen zwischen 10 und 100. Stefan hat Probleme.

Listen and write the numbers Professor Schulz dictates.

a. ＿＿＿＿   d. ＿＿＿＿   g. _95_   j. ＿＿＿

b. ＿＿＿＿   e. _26_   h. ＿＿＿＿   k. ＿＿＿

c. _69_   f. ＿＿＿＿   i. ＿＿＿＿

DER KÖRPER

Schriftliche Aktivitäten

Die Körperteile. Write the appropriate word from the following list in the blanks.

die Augen	das Gesicht	der Mund
der Arm	das Haar	die Nase
der Bauch	die Hand	die Ohren
das Bein	der Kopf	der Rücken
der Fuß	der Körper	die Schulter

1. _____
2. _____
3. _____
4. _____

5. _____
6. _____
7. _____
8. _____

Hörverständnis

Der Körper. The students in Professor Schulz's class are doing a TPR activity that involves various parts of the body. Listen to the sequence, and circle all the parts of the body in the illustration below that are mentioned. Number each part as you circle it, to indicate the order in which the parts are mentioned.

NEUE VOKABELN
Berühren Sie!   *Touch!*

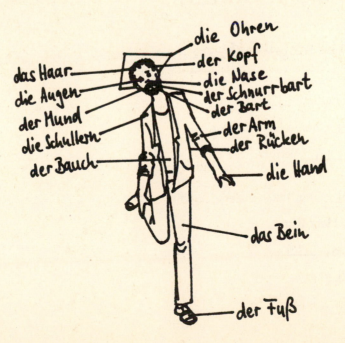

BEGRÜßEN UND VERABSCHIEDEN

Schriftliche Aktivitäten

Kreuzworträtsel. Fill in the crossword puzzle according to the cues given in the following dialogues. Find the correct words in the list below. Remember that in crossword puzzles the letter ß is spelled **ss**.

Abend	Guten	Ich
Danke	Hallo	Sie
du	heiße	Tschüs
geht's	hier	wie

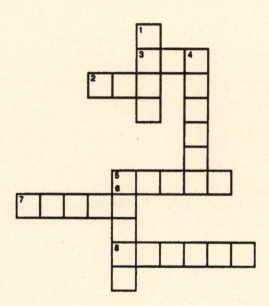

FRAU SCHULZ: Sind Sie neu __[1]__?

NORA: Ja.

FRAU SCHULZ: Wie heißen __[2]__ denn?

NORA: __[3]__ heiße Nora Berber.

FRAU SCHULZ: Ich __[4]__ Schulz.

HERR RUF: __[5]__ Tag, Jens.

JENS: Tag, Herr Ruf.

HERR RUF: Na, wie __[6]__?

JENS: __[7]__, gut.

HERR RUF: __[8]__, Jens.

Hörverständnis

A. Dialog aus dem Text. Jürgen Baumann spricht mit einer Studentin.

Richtig oder falsch? Listen to the conversation, and then indicate whether the following statements are true or false (**richtig [R]** *oder* **falsch [F]**).

1. _____ Melanie ist eine neue Studentin.

2. _____ Jürgen ist ein neuer Student.

B. Dialog aus dem Text: Frau Frisch ruft Herrn Koch an. Was ist richtig?

1. Herr Koch nimmt den Hörer ab[1] und sagt:

   a. Hallo!

   b. Guten Tag!

   c. Koch.

   d. Hi!

2. Frau Frisch sagt:

   a. Hallo!

   b. Guten Tag, Herr Koch.

   c. Guten Abend!

   d. Gute Nacht, Herr Koch.

3. Was ist bei Frau Frisch kaputt?

   a. der Kassettenrekorder

   b. der Computer

   c. der Videorekorder

   d. das Radio

[1]*picks up the phone*

C. Dialog aus dem Text. Jutta trifft ihren Freund Jens. Was ist richtig?

1. Was sagt Jutta zur Begrüßung?

   a. Grüezi!

   b. Hallo!

   c. Servus!

   d. Tag!

2. Wohin geht Jens?

   a. zum Fußball training

   b. in die Schule

   c. in die Universität

   d. auf die Bank

3. Was sagt Jens zum Abschied?

   a. Servus

   b. Bis bald!

   c. Tschüs!

   d. Mach's gut

D. Du oder Sie? Listen to the conversations. Decide whether the speakers are using formal (**Sie**) or informal (**du**) forms of address, and fill in the blanks with **Sie** or **du** accordingly.

1. In der Isabellastraße

a. _____   b. _____   c. _____

a. _____   b. _____   c. _____

AUSSPRACHE UND ORTHOGRAPHIE*

• •

Aussprache

Das Alphabet

In this chapter you will learn the German alphabet. Because some sounds in German present a challenge to non-native speakers, in subsequent chapters you will have an opportunity to practice individual sounds and recognize specific spelling problems.

The German alphabet has 26 letters, just like the English alphabet, and four additional letters: **ä** (*a-umlaut*), **ö** (*o-umlaut*), **ü** (*u-umlaut*), and **ß** (*ess-tset*). In dictionary entries, however, **ä, ö, ü,** and **ß** are not included in the alphabet as separate letters.

A. Listen carefully to each letter of the German alphabet, and repeat each one after the speaker.

a	ah	n	en
b	bay	o	oh
c	tsay	p	pay
d	day	q	coo
e	ay	r	air
f	eff	s	ess
g	gay	t	tay
h	hah	u	ooh
i	eee	v	fow (like *foul* without the *l*)
j	yott	w	vay
k	kah	x	icks
l	el	y	üpsilon
m	em	z	tset

*Pronunciation and Spelling

B. Now listen to all the German vowels and repeat after the speaker.

GRAPHEME (WRITTEN)	PHONEME (SPOKEN)
a	[aː], [a]
ä	[eː], [ɛ]
e	[eː], [ɛ]
i	[iː], [ɪ]
o	[oː], [ɔ]
ö	[øː], [œ]
u	[uː], [ʊ]
ü	[yː], [ʏ]
y	[yː], [ʏ]

C. Now listen to all the German consonants and repeat after the speaker.

GRAPHEME	PHONEME	GRAPHEME	PHONEME
b	[beː]	p	[peː]
c	[tseː]	q	[kuː]
d	[deː]	r	[ɛr]
f	[ɛf]	s	[ɛs]
g	[geː]	ß	[ɛs-tsɛt]
h	[haː]	t	[teː]
j	[jɔt]	v	[faʊ]
k	[kaː]	w	[weː]
l	[ɛl]	x	[ɪks]
m	[ɛm]	y	[ʏpsilɔn]
n	[ɛn]	z	[tsɛt]

Orthographie

A. Listen as the following words are spelled.

1. Rock
2. Hemd
3. Auge
4. Tschüs
5. Danke
6. Jutta
7. Buch
8. Bücher
9. Fuß

B. **Diktat** (*Dictation*). Twelve words from the vocabulary in **Einführung A** will now be spelled. Listen, and write the words as you hear them spelled.

1. _____   5. _____   9. _____

2. _____   6. _____   10. _____

3. _____   7. _____   11. _____

4. _____   8. _____   12. _____

KULTURECKE

• •

A. **Vornamen.** What first names are popular in Germany? Place an "x" next to four first names you think are very popular these days for both girls and boys. Then, check your textbook to see whether you guessed right or not.

MÄDCHEN   JUNGEN

☐ Inge   ☐ Lukas

☐ Sarah   ☐ Alexander

☐ Hildegard   ☐ Frank

☐ Vanessa   ☐ Maximilian

☐ Katharina   ☐ Bernd

☐ Julia   ☐ Kevin

☐ Sabine   ☐ Christian

☐ Susanne   ☐ Daniel

B. **Farben als Symbole.** Which colors are symbols in German? What do they symbolize? Write down five colors and the associations that German speakers have with them.

FARBE   SYMBOL FÜR

_____   _____

_____   _____

_____   _____

_____   _____

_____   _____

C. Begrüßen und Verabschieden. Write down what greeting you would use in these situations.

WAS SAGEN SIE?

1. Sie sind in Hamburg. Es ist 10 Uhr morgens. Sie treffen Ihre Professorin. _____

2. Sie sind in München. Es ist 3 Uhr nachmittags. Sie treffen Ihren Professor. _____

3. Sie sind auf einer Studentenparty. Es ist 23 Uhr und Sie gehen nach Hause. _____

4. Sie sind in Berlin. Sie treffen Ihre Professorin, sprechen kurz mit ihr und gehen wieder. _____

5. Das Telefon klingelt, Sie heben ab. _____

AUFSATZ-TRAINING

A. Stefan's composition. Proofread Stefan's composition, and circle the letters that should be capitalized.

Ich heiße Stefan. Ich bin student. Ich habe blaue augen und kurzes haar. Ich trage eine schwarze hose und ein blaues hemd. Ich habe auch einen bart und trage eine brille.

B. Wie sind Sie? Now describe yourself in the space provided.

_____

_____

_____

Name _____ Datum _____ Klasse _____

DAS KLASSENZIMMER

∙∙

Schriftliche Aktivitäten

A. Buchstabensalat. Find 10 more words for classroom objects.

➜ Lesen Sie Grammatik B.2, „Plural forms of nouns"!

```
O L R Ü T N H L M
T K R E I D E B B
M T X I S D F M O
I B D P C N T E D
M S T Ü H L E B E
Z L A M P E Z X N
Y G F E N S T E R
V R E H C Ü B L T
G V L J W A N D B
```

Eight of the 11 classroom objects named above are in the singular form. What are their plural forms?

1. _____   5. _____
2. _____   6. _____
3. _____   7. _____
4. _____   8. _____

What are the singular forms of the three remaining classroom objects?

1. _____ 2. _____ 3. _____

B. Was ist in Ihrem Klassenzimmer? Name five objects in your classroom and describe them. Use adjectives from the following list.

→ Lesen Sie Grammatik B.1, „Definite and indefinite articles"!

MODELLE: In meinem Klassenzimmer ist eine Tafel. Die Tafel ist schwarz.

In meinem Klassenzimmer sind zwei Schwämme. Die Schwämme sind schmutzig.

sauber/schmutzig	rot	groß/klein
grün	blau	lang/kurz
schwarz	weiß	hoch

1. _____

2. _____

3. _____

4. _____

5. _____

Hörverständnis

Das Klassenzimmer. Ernst has just returned from his first day in school this fall. His mother is asking him about his classroom and the objects in it.

NEUE VOKABELN

sogar *even*

der Schüler, - *pupil*

Frau Wagner spricht mit Ernst über seinen ersten Schultag.

As you listen to the conversation, make a list of the objects in the classroom that Ernst and his mother mention.

1. _____ 6. _____

2. *Tische* _____ 7. *Schwamm* _____

3. _____ 8. _____

4. _____ 9. *Bücher* _____

5. *Stifte* _____ 10. _____

EIGENSCHAFTEN

Schriftliche Aktivitäten

Meine Mitstudenten. Describe five students in your class. Use characteristics from the following list.

→   Lesen Sie Grammatik B.3, „Personal pronouns"!

ernst	nett	schön
frech	optimistisch	schüchtern
freundlich	progressiv	sportlich
fröhlich	reserviert	tolerant
intelligent	ruhig	traurig
konservativ	schlank	verheiratet
nervös		

MODELLE: Franz: Er ist sehr intelligent.

Frau Schulz: Sie ist reserviert.

1. _____

2. _____

3. _____

4. _____

5. _____

Hörverständnis

A.   Dialog aus dem Text: Gabi spricht mit Jutta auf einer Party. Richtig (R) oder falsch (F)?

1. _____   Sven hat einen Bart.

2. _____   Sven ist nett.

3. _____   Jutta ist nicht schüchtern.

B.   Dialog aus dem Text: Albert spricht mit Peter vor dem Unterricht. Was sagen sie?

1. Peter ist _____.

2. Seine Freundin ist sehr _____ und immer _____.

3. Sie heißt

a. Ramona.   b. Ilona.   c. Frauke.   d. Karina.

C. Auf einer Party in Berkeley. Rolf Schmitz ist mit Peter Kaufmann auf einer Party. Peter ist ein bisschen nervös.

NEUE VOKABELN

da drüben *over there*
kennen *to know* (a person)
stimmt *that's right*
das Paar *pair, couple*

Circle the characteristics that apply to Peter and those that apply to Sabine.

PETER	SABINE
frech	frech
glücklich	glücklich
hübsch	hübsch
intelligent	intelligent
nervös	nervös
nett	nett
schüchtern	schüchtern
sportlich	sportlich
traurig	traurig

DIE FAMILIE

· ·

Schriftliche Aktivitäten

A. **Rolfs Familie.** Complete the descriptions of Rolf's family with the appropriate kinship terms.

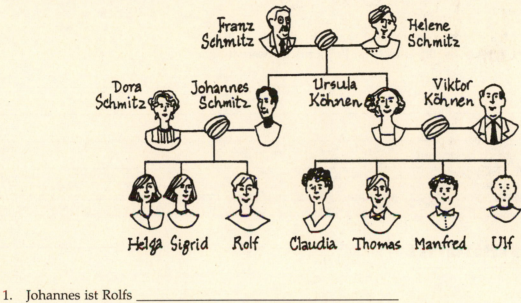

1. Johannes ist Rolfs _____

2. Sigrid ist Doras _____

3. Ursula ist Johannes' _____

4. Franz ist Sigrids _____

5. Johannes ist Ulfs _____

6. Helene ist Helgas _____

7. Rolf ist Sigrids _____

8. Viktor ist Helenes _____

9. Ursula ist Manfreds _____

10. Sigrid ist Claudias _____

11. Franz ist Helenes _____

B. **Ihre Familie.** Name and describe five members of your family, or other people you know, from the following list. Use the list of characteristics on page 22, **Meine Mitstudenten.**

→ Lesen Sie Grammatik B.3: „Personal pronouns"!

Beschreiben Sie Ihre Familie.

Meine Mutter	Mein Bruder	Mein Großvater
Mein Vater	Meine Schwester	Mein Onkel
Mein Mann	Mein Sohn	Meine Tante
Meine Frau	Meine Tochter	Meine Kusine
Meine Freundin	Meine Großmutter	Mein Vetter
Mein Freund		

MODELLE: Meine Mutter → Sie heißt Margaret. Sie ist intelligent.
　　　　　　Mein Großvater → Er heißt Jim. Er ist konservativ.

1. _____

2. _____

3. _____

4. _____

5. _____

Hörverständnis

Die Familie

VOR DEM HÖREN*

Haben Sie Geschwister? Wie heißen sie? _____

_____

Wie heißen Ihre Eltern? _____

Füllen Sie den Stammbaum für Ihre Familie aus.

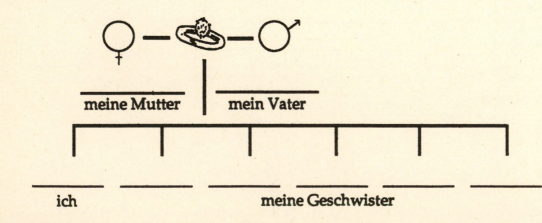

---

*Do this task *before* you listen to the dialogue.

WÄHREND DES HÖRENS

Frau Schulz spricht mit Peter Kaufmann über seine Familie. Listen to the conversation, and fill in the names of Peter's parents, brothers, and sisters.

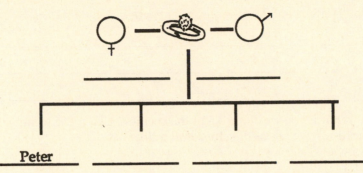

Peter

WETTER UND JAHRESZEITEN

Schriftliche Aktivitäten

A. Wie ist das Wetter? Indicate which weather term best fits each situation.

1. Heute ist es wirklich schön!

    a. Es schneit.   b. Es regnet.   c. Es ist sonnig.

2. Es regnet nicht, aber die Luft ist sehr feucht und es ist heiß.

    a. Es ist kühl.   b. Es ist schwül.[1]   c. Es schneit.

3. Es ist Winter. Das Thermometer zeigt 5 Grad unter Null.

    a. Es ist warm.   b. Es ist kühl.   c. Es ist kalt.

4. Es ist Sommer. Das Thermometer zeigt 35 Grad Celsius.

    a. Es ist heiß.   b. Es ist warm.   c. Es ist kühl.

[1]humid

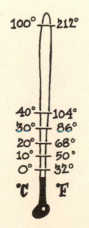

B. Wie ist das Wetter heute? What is today's weather like in your town?

MODELLE: Wo sind Sie? <u>Ich bin in Ann Arbor, Michigan.</u>

Welche Jahreszeit ist es? <u>Es ist Sommer.</u>

Wie ist das Wetter heute? <u>Nicht schön. Es regnet.</u>

1. Wo sind Sie? _____

2. Welche Jahreszeit ist es? _____

3. Wie ist das Wetter heute? _____

C. Heute ist der 26. Juli. What is the weather like in these cities? Using the weather report below, write the weather conditions in each of the cities that follow.

Europa, 26. 7.

Amsterdam	wolkig	19°C	London	heiter	20°C
Athen	heiter	30°C	Madrid	heiter	26°C
Barcelona	heiter	26°C	Mailand	heiter	29°C
Belgrad	wolkig	23°C	Moskau	heiter	18°C
Bordeaux	bedeckt	20°C	Nizza	heiter	27°C
Bozen	heiter	21°C	Las Palmas	heiter	25°C
Dublin	heiter	20°C	Palma d.M.	wolkig	26°C
Dubrovnik	heiter	29°C	Paris	wolkig	19°C
Helsinki	wolkig	19°C	Prag	Regen	16°C
Innsbruck	wolkig	17°C	Rom	heiter	27°C
Istanbul	heiter	26°C	Salzburg	wolkig	17°C
Klagenfurt	bedeckt	16°C	Stockholm	wolkig	20°C
Lissabon	heiter	30°C	Wien	Regen	17°C
Locarno	heiter	26°C	Zürich	wolkig	15°C

Asien, 26. 7.

Delhi	heiter	36°C
Hongkong	wolkig	29°C
Peking	heiter	33°C
Tokio	wolkig	32°C
Bangkok	wolkig	30°C
Tel Aviv	heiter	31°C

Amerika, 25. 7.

New York	–	–°C
S. Francisco	heiter	20°C
Rio	–	–
Los Angeles	heiter	21°C
Mexiko-Stadt	–	–°C

(Alle Werte Mittag, Ortszeit)

Deutschland, 26. 7.

	Wetter	Wind km/Std.		Temperatur °C früh	Mittag	rel. F. in %
Berlin	bedeckt	N	16	15	21	65
Bonn	wolkig	N	5	13	18	68
Dresden	bedeckt	NW	7	15	19	64
Frankfurt	wolkig	uml	5	14	20	62
Hamburg	bedeckt	NO	20	15	18	74
Leipzig	bedeckt	NW	9	14	20	55
München	st. bew.	W	18	12	14	79
Nürnberg	bedeckt	NW	10	14	18	86
Stuttgart	st. bew.	NW	13	13	17	65
Wendelstein	Nebeltr.	SW	29	4	4	94
Zugspitze	Schneefall	N	23	-3	-3	99

MODELLE: Athen → Es ist schön und warm.
Prag → Es regnet, und es ist etwas kühl.

1. Lissabon _____

2. Tokio _____

3. Berlin _____

4. San Francisco _____

5. Moskau _____

6. Zugspitze _____

7. Bangkok _____

8. Wien _____

9. Amsterdam _____

10. Innsbruck _____

Hörverständnis

A. Dialog aus dem Text: Das Wetter in Regensburg. Josef trifft[1] Claire an der Uni.

Richtig (R) oder falsch (F)?

1. _____ Das Wetter ist heute schlecht.

2. _____ Es regnet oft in Bayern.

3. _____ Es schneit manchmal im April.

[1]meets

B. Die Wettervorhersage. Die Familie Frisch hört die Wettervorhersage im Radio.

Listen to the weather forecast, and match the city with the predicted weather. Answers may be used more than once.

1. _____ London
2. _____ Madrid
3. _____ Athen
4. _____ Paris
5. _____ Stockholm
6. _____ Hamburg
7. _____ Berlin

a. Es schneit.
b. Es ist heiß.
c. Es ist sonnig.
d. Es regnet.
e. Es ist schön.

C. Das Wetter in Kalifornien. Claire Martin, eine amerikanische Studentin, ist auf einer Party in Regensburg. Ihre Freundin Melanie stellt ihr einen anderen Studenten vor.[1]

NEUE VOKABELN

neblig *foggy*
brauchen *to need*

Richtig (R) oder falsch (F)?

1. _____ Die Sonne scheint immer in Kalifornien.

2. _____ Im Sommer ist es oft kühl in San Francisco.

3. _____ In Kalifornien regnet es im Winter nicht.

4. _____ Es ist sehr neblig im Winter in Regensburg.

5. _____ Claire braucht eine neue Winterjacke.

[1]stellt . . . vor *introduces her to another student*

HERKUNFT UND NATIONALITÄT

Schriftliche Aktivitäten

Woher kommen diese Personen? Welche Sprache sprechen sie? Where do these people come from, and what language do they speak?

→ Lesen Sie Grammatik B.4, „Origins: **Woher kommen sie?**" und Grammatik B.5, „Possessive adjectives: **mein** and **dein/Ihr**"!

MODELLE: Julio Iglesias → Julio Iglesias kommt aus Spanien. Er spricht Spanisch.
Ihre Großmutter → Meine Großmutter kommt aus Irland. Sie spricht Englisch.

1. Ralf Schumacher _____

_____

2. Astrid Lindgren _____

_____

3. Marie Curie _____

_____

4. Ihre Mutter _____

_____

5. Ihr Vater _____

_____

6. Sie: Ich _____

_____

Hörverständnis

A. Dialog aus dem Text: Woher kommst du? Claire trifft Melanie auf einer Party.

Beantworten Sie die folgenden Fragen.

1. Woher kommt Claire, die Amerikanerin? Aus _____

2. Woher kommt Melanie, die Deutsche? Aus _____

B. Herkunft und Nationalität. Silvia Mertens und Jürgen Baumann sind auf einer Party im Studentenheim[1] in Göttingen. Jürgen kennt viele Studentinnen und Studenten, aber Silvia kennt niemand.[2]

NEUE VOKABELN

neben *next to*
genug *enough*

Woher kommen sie?

1. Jean kommt aus _____

2. Teresa kommt aus _____

3. Lena kommt aus _____

4. Julio kommt aus _____

5. Mike Williams kommt aus _____

6. Tom Cruise kommt aus _____

[1]dormitory
[2]no one

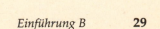

AUSSPRACHE UND ORTHOGRAPHIE

Aussprache

Word Stress in Simple (Non-compound) Words

In German and English, there are different rules for stressing syllables; you will learn these rules little by little. As you learn new words, pay attention to the stressed syllable.

Let's begin with simple, non-compound words. German verbs, nouns, and adjectives are usually stressed on the stem syllable (or on the first syllable of the word). This rule does not always apply to words from other languages and to names.

Stressed syllables are clearer, louder, and somewhat longer than unstressed syllables. Vowel length must be maintained in both stressed and unstressed syllables, because it often determines the word's meaning. Therefore, stressed short vowels must not be lengthened.

A. Listen to the pairs of words. Is the stress the same (=) or different (≠)?

1. Freund – Freundin (   )
2. Student – Schüler (   )
3. Professor – Professoren (   )
4. London – Madrid (   )
5. Berlin – Moskau (   )
6. Spanien – Spanisch (   )
7. Japan – Japanisch (   )
8. Italien – Italienisch (   )

Check your answers in the answer key. Then replay the segment and repeat the words after the speaker. When you hear the stressed syllable, tap lightly on your table.

B. Listen to the words and note the stressed syllable.

1. kommen
2. sehen
3. arbeiten
4. Sommer
5. Sonne
6. Orthographie
7. Peter
8. Sabine
9. Berlin
10. Argentinien

Now replay the segment and listen to the words a second time, marking the long stressed syllables with an underscore (_) and the short syllables with a dot (.).

Check your answers in the answer key. Then replay the segment again and repeat the words after the speaker. When you hear the stressed syllable, tap lightly on your table.

C. Listen to the names and write them in the correct column, depending on which syllable is stressed.

Sabine	Jutta
Melanie	Katharina
Teresa	Alexander
Susanne	Viktor
Peter	Helene

1st Syllable Stressed	2nd Syllable Stressed	3rd Syllable Stressed

Check your answers in the answer key. Repeat each name after the speaker. When you say the stressed syllable, tap lightly on your table.

Now read aloud two names together that have the same stressed syllable, for example, Sabine und Susanne. The rhythm will help you place the stress on the proper syllable.

D. Now use the same names in sentences. Listen to each sentence several times. Complete the missing words.

1. Peter ist _____.

2. Teresa ist _____.

3. Josef ist _____.

4. Sabine ist _____.

5. Johannes und Susanne sind _____.

6. Lisa ist _____.

7. Rolf ist _____.

8. Alexander ist _____.

Check your answers. Repeat each name after the speaker. When you say the stressed syllable, tap lightly on your table.

Did you notice that the names and words have the same stress? If not, listen to the sentences again and repeat them after the speaker.

Orthographie

Capitalization

In German, all nouns are capitalized, not just proper names as in English. Words other than nouns—verbs, adjectives,* pronouns,† and so on—are not capitalized unless they begin a sentence.

A. Listen to and then write the nouns you hear next to their English equivalents. Make sure each German noun starts with a capital letter.

1. car _____

2. table _____

3. winter _____

4. arm _____

5. lamp _____

_____

*Even adjectives that refer to countries or languages begin with a lowercase letter: **ein deutscher Wein**—*a German wine.*

†The pronoun **Sie** is capitalized when it means you; **ich** (**I**) is not capitalized unless it begins the sentence: Kann ich mitkommen? —Ja, kommen Sie doch mit. *Can I come along? —Yes, why don't you come along.*

B. Listen and fill in the missing letters.

1. ___eutschkurs—die ___eutsche ___prache

2. ___tudieren—das ___tudium—die ___tudenten

3. ___ommen ___ie mit!— ___ie ___ommen mit?

4. ___ie ___eht ___s ___hnen?

5. ___eht ___s ___hnen ___ut?

KULTURECKE

• •

A. Temperaturen. What are these temperatures in degrees Fahrenheit?

1. 35° Celsius: a. 60° F   b. 95° F   c. 105° F

2. −10° Celsius: a. 14° F   b. 32° F   c. 58° F

3. 15° Celsius: a. 29° F   b. 43° F   c. 59° F

4. 0° Celsius: a. 0° F   b. 32° F   c. 50° F

5. 20° Celsius: a. 48° F   b. 58° F   c. 68° F

6. −15° Celsius: a. −5° F   b. 0° F   c. 5° F

7. 25° Celsius: a. 77° F   b. 87° F   c. 97° F

8. 5° Celsius: a. 31° F   b. 41° F   c. 51° F

> **Kulturnotiz:** To convert Celsius into Fahrenheit, multiply by 9/5 and add 32.

B. Lage, Klima und Wetter. Richtig (R) oder falsch (F)?

1. _____ Hamburg liegt im Norden von Deutschland.

2. _____ Im Nordwesten von Deutschland sind die Sommer sehr heiß.

3. _____ Die Durchschnittstemperatur im Winter beträgt −12° C im Gebirge.

4. _____ Die Durchschnittstemperatur im Sommer beträgt 18 bis 20° C.

5. _____ Am Rhein in Baden-Württemberg und Rheinland-Pfalz sind die Sommer kühl und im Winter gibt es viel Schnee.

6. _____ Den Föhn, einen warmen alpinen Südwind, spürt[1] man besonders in München.

[1]*feels*

C. Deutschland und Europa. Mark the correct answers.

1. Deutschland hat _____ Nachbarländer.

   a. fünf   b. sieben   c. neun   d. elf

2. Dieses Land ist kein Nachbarland Deutschlands: _____.

   a. Dänemark   b. Polen   c. Italien   d. Frankreich

3. Die längste Grenze hat Deutschland mit _____.

   a. Österreich   b. der Schweiz   c. Belgien   d. Polen

4. Im _____ grenzt Deutschland an zwei Meere, die Nordsee und die Ostsee.

   a. Westen   b. Norden   c. Osten   d. Süden

5. Dieses Land ist kein Land der Europäischen Union: _____.

   a. die Schweiz   b. Finnland   c. Portugal   d. Griechenland

AUFSATZ-TRAINING

• •

Using Pronouns to Avoid Repetition of Nouns

Stefan has written a composition about his German classroom for Frau Schulz's German class, but his composition is rather awkward. He did not read Grammar sections B.2 and B.3, so he has repeated nouns and not used pronouns. To make Stefan's prose a little smoother, go through his composition and replace repeated nouns with pronouns.

A. Mein Klassenzimmer. In meinem Klassenzimmer ist **ein Schwamm. Der Schwamm** ist schmutzig. In dem Klassenzimmer ist auch **eine Lampe. Die Lampe** ist weiß. In dem Zimmer ist **ein Fenster. Das Fenster** ist offen. In der Klasse sind **viele Studenten. Die Studenten** sind nett. Es ist eine schöne Klasse!

_____

_____

_____

_____

_____

B. Now describe your classroom. Be sure to use pronouns in appropriate places.

_____

_____

_____

_____

_____

_____

HÖRVERSTÄNDIS: HOW TO GET THE MOST OUT OF THIS COMPONENT[1]

As you know, the purpose of the **Hörverständnis** sections is to give you more opportunities to hear spoken German in meaningful ways outside of class. These comprehension experiences can help you develop the ability to understand spoken German by learning to recognize the most important elements in sentences without being thrown off by unfamiliar words and structures. They also furnish more opportunities for language acquisition by providing additional comprehensible input and contact with German. The exercises for each text consist of (1) a list of the new vocabulary crucial to comprehension, with English translations; (2) a short introduction to the text you will hear; and (3) tasks to help you verify that you have understood the main ideas. Some **Hörverständnis** activities include prelistening (**Vor dem Hören**) activities and postlistening (**Nach dem Hören**) activities. These give you the opportunity to relate the topic to your own background knowledge and interests.

This short training section is included before **Kapitel 1** because it is important that you be able to do assignments confidently. The pointers included here should reinforce what your instructor has been teaching you in the classroom about comprehension.

The topics of the oral texts in the workbook loosely follow those of the corresponding chapters of your textbook. Logically then, it is advisable to work on the **Hörverständnis** once most of the chapter activities in the textbook have been done in class and you feel fairly comfortable with the topics and vocabulary of the chapter. But even when you think you are comfortable with the material, keep in mind the following remarks. Although you may listen to a tape as many times as you consider necessary, you should not listen over and over until you understand every single word you hear. This is unnecessary! Your goal should be to reach an acceptable, not perfect, level of comprehension. While listening to the segments several times can be helpful, if you listen over and over when you are not ready, you will only engage in an exercise in frustration.

The following basic strategies will help minimize your frustration and maximize your comprehension.

1. Listen for key words. (So far, these include words you are acquiring or have acquired in class in **Einführungen A** and **B** and **Kapitel 1** of your textbook, plus those given at the beginning of the specific section you will be listening to. In succeeding chapters, key words may come from vocabulary acquired in the current and previous textbook chapters as well as from the **Neue Vokabeln** sections in the workbook chapter you are currently working on.)
2. Pay close attention to the context.
3. Make educated guesses whenever possible!

Pressure is your worst enemy when doing these assignments. If you are under stress and a problem arises, you will tend to think that the material is too difficult or that you are not as good a student as you should be; yet more often than not, extraneous factors are to blame. For example, a frequent cause of stress is poor planning. Leaving this type of assignment for the morning of the day it is due and not allowing sufficient time to complete it without rushing can easily lead to frustration. Listening to a segment over and over again without previous preparation can have the same result. Finally, listening over and over, even when you have followed the right procedure, is usually not very rewarding. When you are feeling lost, a more effective remedy is to stop the tape and go over the particular topic, as well as the related vocabulary in your textbook.

Unrealistic expectations are also a source of stress. Often students expect to understand everything after listening to a segment once or twice. They automatically assume that they do not understand everything because the tape is in German. They forget that listening to a tape is always different from listening to real people. They also overlook the fact that even in your own language, when you listen to

---

[1]To be used with **Kapitel 1**

a radio talk show or to a song for the first time, you do not always grasp everything you hear. If you don't believe this, try this test. Tape a radio show— in English, of course—and listen to it one time, then jot down the main ideas. Now listen a second time and compare how much more you grasped the second time. If you wish, do the test with a new song instead. Count the times you have to play it to feel that you really know what the singer is saying.

The following specific strategies will help to enhance your comprehension now that the material is a bit more advanced than in the two preliminary **Einführungen**.

1. First, take care of logistics, a very important factor of your success. Find comfortable, well-lit place, one where you can listen and write comfortably, without interruptions. Make sure you have the tape player, as well as your workbook, within easy reach.
2. Don't start until you are thoroughly familiar with the mechanics of the tape player and feel comfortable using it. Look for the play, rewind, fast forward, pause, and stop buttons, and familiarize yourself with their functions. Now find the counter and set it at 000. Remember to set it at 000 every time you begin a new dialogue (ad, narration, and so on) so that you will find the beginning easily every time you want to listen to that segment again.
3. Now open your workbook and tear out the pages that correspond to the **Hörverständnis** section of **Kapitel 1.** Then look for **Dialog aus dem Text.** In this section you hear the dialogues from the text (with which you will probably already be familiar) and perform listening tasks based on the dialogues. Read everything printed, including the introduction to the dialogue and the listening task instructions. Besides helping you get a clear idea of what is expected of you, this procedure will help you to create a context. Starting the tape player before properly preparing yourself is like coming into the middle of a serious conversation (or after a difficult class has already started) and expecting to participate intelligently.
4. Get into the habit of making sure you know what to listen for. (Yes, you are right, the task for the first segment is to listen to the conversation and say whether the statements are true or false. You are then to rewrite the false statements as true statements.)
5. Now that you know what you have to do, take a few seconds to map out a strategy. You may wish to set a simple goal for yourself, such as concentrating on deciding whether all the statements are true or false, before trying to correct any of the false statements. Then you can go back and listen to the dialogue again as many times as needed to correct the false statements.

Now try these suggestions with activity **A.** You have listened once and determined that both statements are false. Now listen again to see where the new student comes from. You might want to turn off the tape while you rewrite the statement as a correct one. That's right, the student comes from Germany, not Austria. Now listen once again to see what he really studies. That's right, psychology. When you're correcting false statements in an exercise like this, don't forget to use the existing sentences as models. Change only what has to be changed—in this case, **Deutschland** for **Österreich** in item **1** and **Psychologie** for **Medizin** in item **2**.

Now go on to **Weitere Hörtexte, Hobbys**. Read everything printed and look at the picture. Now look at the table. If you decide that Nora and Albert are talking about what they do during their free time and that you have to decide who does which of the listed activities, you're right. One way to approach this would be to decide to listen for the activities that Nora does the first time, purposely ignoring Albert, and then to listen again to determine Albert's activities, this time ignoring Nora. Try this now. What does Nora do during her vacation? That's right, she windsurfs, swims, and likes to go hiking in the mountains. Now listen again, to make sure that Albert spends his time studying math, working in the library, and camping in Yosemite.

Now go on to **Freizeitpark „Hansaland"**. Once more, the first step is to read all that is printed on the page and to look at the illustration. After doing this, you should have come to the conclusion that you will hear an advertisement for some sort of resort. In the picture you see people engaged in various activities. You also know that you need to fill in which sport one can do at Hansaland, and you need to find the appropriate answer for questions **2** and **3**. Let's say you plan to listen three or four times, so this first time you decide to focus only on questions **2** and **3**. Now that you are ready, you can start the tape.

If you decided that **2** is **ja** and **3** is **keine Information,** you are right. The ad for the resort suggests that you stop in at the bar for a glass of beer, but windsurfing is not mentioned.

For the answers to **1**, you will have to work with a different strategy. You know that you need to write down three different sporting activities for **a**, **b**, and **c**. Remember that the possibilities for these answers are limited to words you have learned up until now or to cognates, words that are the same in German and English. (You may want to go back to the section **"Freizeit"** in your text and review the vocabulary.)

This time, since you have to write in whole words, you may want to concentrate just on getting **a** the first time you listen and work on getting subsequent activities with subsequent listenings. Or you may want to get **a**, **b**, and **c** but write only the first few letters of each word, and then go back and complete them when you have finished listening to the passage. Now you should look at each word you have written. Do you think you have spelled each one correctly? Is it a noun? Should it be capitalized? When you are done looking over your answers to this section, go to the back of the workbook and check your answers.

A similar technique can be used for doing **Das Studium.** After reading what is printed for this segment, you know that Thomas and Katrin, two students in the German class at Berkeley, are discussing their course schedules. And you know that your task is to fill out the class schedule for each of them. Again, if you are a little unsure, look at the section **"Studium"** in the text and go over the vocabulary briefly. As before, you may want to fill in the information first for Katrin, then for Thomas. You may want to write just the first couple of letters for each class and then write in the whole words after you have finished listening, or you may want to fill in whole words at once and push the pause button so the tape doesn't keep going while you are trying to write. If you choose the last option, make sure that you listen to the whole segment at least once without stopping the player, preferably the first time you listen (without attempting to write anything down).

As you move through the chapter, you will find that your work is getting easier. **Mein Tagesablauf** should be even easier than the previous segments. If, after reading what is printed, you know that you are to fill in what time Heidi gets up in the morning, what times Heidi and Peter eat breakfast, and what activity they do at 7:20 and 7:35, respectively, you are right. Remember that you are searching only for the missing information; you need not focus on the information already given.

Going on to **Silvia arbeitet auf dem Bahnhof**, you see that you have to write down the destinations of the trains and their times of departure. First determine which column to write the destinations in and which to write the times in. If you determined that the times belong in the second column, you were right. Now you will probably decide to write the places in the order they are mentioned, or maybe just the first few letters of each place, so you can fill in the rest of the names later. It may take several times listening before you have gotten all the times of departure, but don't worry; this is a relatively difficult task. When you've gotten all the times of departure matched up with the destinations, go to the answer section at the back of the workbook and verify your answers.

In **Biographische Information,** you see that you need to answer two questions about the dance course Willi wants to take, and then you need to fill in information about Willi's address and the dance school's address. Don't forget: Dividing the task into its various components will make it easier.

The **Bildgeschichte** section reviews the narration series (picture stories) that appear in the main text. Here, both the pictures and the vocabulary are provided. Two kinds of exercises go with the stories: (1) a text-based exercise that helps you focus on an important feature of German such as a particular grammar point, and (2) an exercise in which you are asked to talk about yourself, using the new vocabulary in the picture story, in order to help you learn and retain the vocabulary more easily.

The **Rollenspiel** section of the **Hörverständnis** is designed to help prepare you to perform the **Rollenspiel** in class. The listening tasks accompanying the **Rollenspiel** are less specific than those that accompany **Hörverständnis** activities. You are often asked to write down questions you hear the **Rollenspiel** participants ask during the course of the **Rollenspiel**. The point here is to not to hear every word and write down every question absolutely perfectly; rather, the idea is that you familiarize yourself with the kinds of questions and answers that will be useful when you do **Rollenspiel** yourself.

The strategies we have given here are ones that students have told us have helped them in the past. No doubt you will pick the ones that work best for you and, predictably, you will soon develop some of your own. We hope that this introduction has made you aware of the advisability of planning ahead and mapping out the most appropriate strategies before attempting a task. After some practice, you will be so familiar with the process that it will be more or less unconscious, as it should be—for then it will be a habit you can depend on when communicating with native speakers of German.

Wer ich bin und was ich tue

FREIZEIT

· ·

Schriftliche Aktivitäten

Was ich gern mache. Sagen Sie, was Sie gern machen und was Sie nicht gern machen.

→ Lesen Sie Grammatik 1.1, „The present tense" und Grammatik 1.2, „Expressing likes and dislikes: **gern/nicht gern**"!

MODELLE: joggen → Ich jogge nicht gern.
Schach spielen → Ich spiele gern Schach.

1. Tennis spielen _____

2. ins Restaurant gehen _____

3. im Meer schwimmen _____

4. in der Sonne liegen _____

5. für das Studium arbeiten _____

6. mit Freunden telefonieren _____

7. ins Kino gehen _____

8. Musik hören _____

9. Fußball spielen _____

10. windsurfen gehen _____

Hörverständnis

A. Hobbys. Nach dem Deutschunterricht sprechen Nora und Albert über die Ferien.

NEUE VOKABELN
Urlaub machen   *to go on vacation*

Wer macht was?

	NORA	ALBERT
windsurfen gehen	☒	☐
schwimmen	☐	☐
Mathematik studieren	☐	☐
in der Bibliothek arbeiten	☐	☐
in Yosemite zelten	☐	☐
in den Bergen wandern	☐	☐

B. Freizeitpark „Hansaland". Werbung[1] für den Freizeitpark Hansaland.

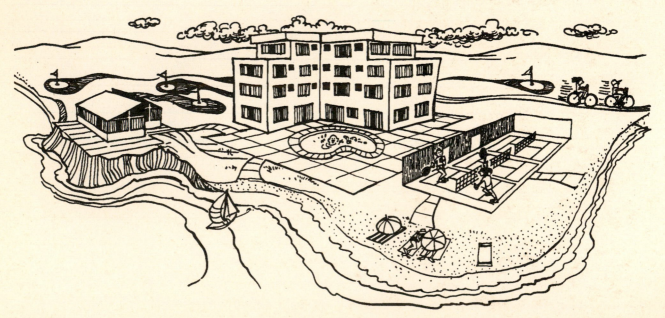

[1]*advertisement*

NEUE VOKABELN

die Sauna, die Saunen *sauna*
das Solarium, die Solarien *solarium*

1. Welche Sportarten gibt es im Hansaland?

   a. _____ b. _____ c. _____

2. Kann man im Hansaland Bier trinken? _____ ja _____ nein _____ keine Information

3. Kann man windsurfen gehen? _____ ja _____ nein _____ keine Information

SCHULE UND UNIVERSITÄT

Schriftliche Aktivitäten

A. Welche Kurse haben Sie? Schreiben Sie Ihren Stundenplan.

B. Wann sind Ihre Kurse? Schreiben Sie, welche Kurse Sie haben und wann.

Zeit	Montag	Dienstag	Mittwoch	Donnerstag	Freitag

→ Lesen Sie Grammatik 1.3, „Telling time"!

   MODELL: Ich habe Deutsch am Montag um 8 Uhr und am Freitag um 10 Uhr.

1. Ich _____ Deutsch am _____ um _____.

2. Ich _____ am Dienstag _____.

3. Ich _____.

4. Ich _____.

5. Ich _____.

Hörverständnis

A. Dialog aus dem Text: Was studierst du? Stefan trifft Rolf in der Cafeteria der Universität Berkeley.

Richtig (R) oder falsch (F)? Korrigieren Sie die falschen Sätze.

1. _____ Der neue Student kommt aus Österreich. ____*Er kommt aus Deutschland.*____

2. _____ Er studiert Medizin. _____

B. Das Studium. Thomas und Katrin sitzen in einem Café in Berkeley. Sie sprechen über ihr Studium.

NEUE VOKABELN
können *can, to be able*
alles *everything*

Welche Kurse haben Katrin und Thomas und wann?

	Katrin	**Thomas**
8:00	*Deutsch*	*Deutsch*
9:00		
10:00		
11:00		
12:00		
13:00		
14:00		

TAGESABLAUF

· ·

Schriftliche Aktivitäten

Beschreiben Sie Ihren Tagesablauf.

➔ Lesen Sie Grammatik 1.3, „Telling time" und 1.4, „Word order in statements"!

MODELLE: Ich habe um 8 Uhr morgens Psychologie.

Um 21 Uhr arbeite ich für das Studium.

1. Ich _____ um 8 Uhr morgens _____ .

2. Um 9 Uhr morgens _____ ich _____ .

3. Mittags _____ .

4. Um 15.30 Uhr _____ .

5. Ich _____ .

Hörverständnis

A. Bildgeschichte. Ein Tag in Sofies Leben.

1. Bringen Sie die folgenden Sätze in die richtige Reihenfolge.

_____ Sie duscht.

_____ Sie frühstückt.

_____ Sie füllt ein Formular aus.

_____ Sie gehen zusammen aus.

_____ Sie geht nach Hause.

_____ Sie geht zur Uni.

_____ Sie geht zur Post.

_____ Sie holt ein Paket ab.

_____ Sie packt ihre Bücher ein.

_____ Sie ruft ihre Freundin an.

_____ Sofie steht um 7 Uhr auf.

2. Schreiben Sie vier Sachen auf, die Sie morgen machen wollen.

MODELL: Ich dusche.

a. _____

b. _____

c. _____

d. _____

B. Mein Tagesablauf. Die Studenten und Studentinnen im Deutschkurs machen ein Interview über ihren Tagesablauf. Heidi und Peter arbeiten als Partner.

Setzen Sie die fehlenden Informationen ein!

	Heidi	Peter
Aktivität	**Zeit**	
aufstehen		*7.00*
frühstücken		
	7.20	*7.35*

C. Silvia arbeitet auf dem Bahnhof.[1] Silvia Mertens studiert Mathematik und Englisch an der Universität Göttingen. In den Semesterferien arbeitet sie bei der Bahnhofsauskunft.[2] Jetzt spricht sie mit Fahrgästen.

NEUE VOKABELN

der Fahrgast, ⁻e *passenger, customer*
Wann fährt der nächste Zug? *When does the next train leave (depart)?*

Listen to the questions, and make a list of destinations and times of departure. Places mentioned: Stuttgart, München, Frankfurt, Hamburg, Düsseldorf.

	ORT	UHRZEIT
1.	*Hamburg*	*7.10*
2.		
3.		
4.	*Düsseldorf*	
5.		

[1]*train station*
[2]*information desk*

PERSÖNLICHE DATEN

. . . .

Schriftliche Aktivitäten

A. Wie sind die Fragen? Schreiben Sie die Fragen zu den Antworten! Benutzen Sie die folgenden Fragewörter (wann, was, wie, wo, woher, wie viele) oder setzen Sie das Verb an die erste Stelle.[1]

[1]*position, place*

➜ Lesen Sie Grammatik 1.6, „Word order in questions"!

MODELL: Wie heißen Sie? Ich heiße Renate Röder.

1. _____? Ich komme aus Deutschland.

2. _____? Ich wohne in Berlin.

3. _____? Eylauer Strasse 7.

4. _____? Meine Telefonnummer ist 030-7843014.

5. _____? Ich bin 28 Jahre alt.

6. _____? Ich habe drei Geschwister.

7. _____? Ich arbeite bei einer Computerfirma.

8. _____? Nein, ich bin nicht verheiratet.

9. _____? Ja, ich habe einen Freund.

10. _____? Er heißt Mehmet.

B.   Eine interessante Person. In einem Café lernen Sie einen interessanten Mann / eine interessante Frau kennen. Was möchten Sie diese Person fragen? Benutzen Sie die folgenden Fragewörter.

wann	wer	wie viele
was	wie	wo
welcher		woher

_____

_____

_____

_____

_____

_____

_____

_____

Hörverständnis

A.   Dialog aus dem Text: Auf dem Rathaus. Melanie Staiger ist auf dem Rathaus in Regensburg. Sie braucht einen neuen Personalausweis.

Füllen Sie das Formular für Melanie Staiger aus.

Antrag auf einen Personalausweis

Familienname: _____*Staiger*_____ Vorname: _____

Adresse: _____*Gesandtenstrasse 8*_____

Wohnort: _____ Telefon: _____*24352*_____

Geburtstag[1]: _____ Beruf: _____

---

[1]*birthdate*

B. Rollenspiel*: Im Auslandsamt.

S1: Sie sind Student/Studentin und möchten ein Jahr in Österreich studieren. Gehen Sie ins Auslandsamt und sagen Sie, dass Sie ein Stipendium möchten. Beantworten Sie die Fragen des Angestellten/der Angestellten. Sagen Sie am Ende der Interviews „Auf Wiedersehen".

S2: Sie arbeiten im Auslandsamt der Universität. Ein Student/Eine Studentin kommt zu Ihnen und möchte ein Stipendium für Österreich.

- Fragen Sie nach den persönlichen Daten und schreiben Sie auf: Name, Adresse, Telefon, Geburtstag, Studienfach.
- Sagen Sie „Auf Wiedersehen".

VOR DEM HÖREN

Fill out the information on the form below, as if you were applying for a scholarship. Remember that you'll have to give your address and telephone number in German when you do the **Rollenspiel** yourself, so practice saying the numbers as you fill out the form.

Antrag auf ein Stipendium

Familienname: _____ Vorname: _____

Adresse: _____

Wohnort: _____ Postleitzahl[1]: _____

Telefon: _____ Alter[2]: _____

Studienfach: _____ Semester: _____

---

[1]*postal code (ZIP code)*
[2]*age*

---

*In this and all subsequent chapters, you will hear an enactment of the **Rollenspiel** from your textbook. The accompanying exercises are designed to help prepare you to play the roles yourself in class. First reread the **Rollenspiel** from the text, which is reprinted here in the Workbook. Next read the directions for the **Rollenspiel**, do any preliminary exercises, and listen to the audio. Last, do any follow-up activities.

WÄHREND DES HÖRENS

Now listen to the **Rollenspiel** performed.

1. How does the student ask for information?

   _____

   _____

2. How does the person working at the **Auslandsamt** obtain the necessary personal information from the student? What questions does he ask her?

   Kann ich Ihnen helfen? _____

   _____

   _____

   _____

C. Biographische Informationen. Willi Schuster will einen Tanzkurs machen und ruft die Tanzschule Gollan in Dresden an.

NEUE VOKABELN
   der Anfänger, - / die Anfängerin, -nen   *beginner*
   schicken   *to send*

Beantworten Sie die Fragen.

1. Welchen Kurs will Willi besuchen?

   a. Rock 'n' Roll   b. Anfänger   c. Flamenco   d. Salsa

2. Wann ist der Kurs?

   Jeden _____ von _____ bis _____

3. Wie ist Willis Adresse?

   Martin-Luther-Strasse _____, 01099 _____

4. Wie ist die Adresse der Tanzschule?

   Sandstrasse _____

AUSSPRACHE UND ORTHOGRAPHIE

....

Aussprache (1. Teil)

Unrounded Vowels

Unrounded German vowels have many similarities to unrounded English vowels. However, one must maintain the distinction between long and short vowels. Long vowels are formed with more tension, short vowels with less tension. An exception is the long, lax **ä**-sound, as in **ähnlich.** However, in the standard language this sound is becoming more like the tense **e**-sound as in **eben.** It is recommended to pronounce all long **ä**-sounds as **e**-sounds, even if they are written with <ä> or <äh>. Long vowels are not diphthongized—that is, their sounds remain pure.

A. Listen to the following examples.

> Familie **Mahne** kommt aus Aachen.
> Familie **Manne** kommt aus Kassel.
> Familie **Mehne** kommt aus Beesen.
> Familie **Menne** kommt aus Essen.
> Familie **Miene** kommt aus Kiel.
> Familie **Minne** kommt aus Wittenberg.

Listen to the family names a second time, and pronounce them after the speaker.

> Mahne – Manne
> Mehne – Menne
> Miene – Minne

Note: The short, lax **e** can also be written with the letter <ä>—for example, **die Fächer.** The pronunciation is the same as in the spelling <e>—that is, the family names **Männe** and **Menne** are pronounced exactly alike.

Replay the segment and repeat the sentences after the speaker. Pay attention to vowel length in the names of these towns.

B. Now imagine that all six families live together in an apartment building in Berlin. Listen, several times if necessary, and write the names in the appropriate apartment.

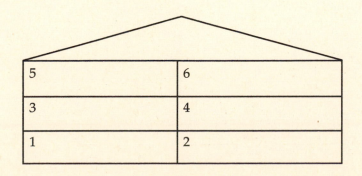

Now listen to the names and pronounce them after the speaker.

C. Now listen to the names again, this time in a different order. Fill in the missing letters and then write down the telephone number of each family. Listen several times, if necessary.

	1	2	3	4	5	6
Familie	M_____ne	M_____ne	M_____ne	M_____ne	M_____ne	M_____ne
Telefon						

Check your answers in the answer key. Replay the segment, this time pronouncing each sentence after the speaker.

D. Listen to the following words, and organize them according to the length of the stressed vowel.

lesen
liegen
spielen
segeln
wandern
schwimmen
fliegen

singen
tanzen
studieren
(Fahrrad) fahren
(ins Kino) gehen
essen

Long	Short

Check your answers in the answer key. Now read all words with long stressed vowels aloud; then read all words with short stressed vowels aloud.

E. Was machen Sie gern?

MODELL: (lesen) → Ich lese gern.

1. lesen
2. liegen
3. spielen
4. segeln
5. fliegen
6. studieren
7. fahren
8. gehen
9. wandern
10. schwimmen
11. singen
12. tanzen
13. essen

F. What written variations can you find for the different vowel sounds? Look for examples in the Wortschatz list of your textbook, **Einführung A** and **B** and **Kapitel 1.**

1. [a:] a. _____ b. _____ c. _____

2. [a] _____

3. [e:] a. _____ b. _____ c. _____

4. [ɛ] a. _____

5. [i:] a. _____ b. _____ c. _____

6. [ɪ] _____

G. Vowel length: Which written variations are there for long vowels? for short vowels?

Long vowels: a. _____ b. _____ c. _____

Short vowels: _____

See main text, Appendix D, for a complete overview of the written variations.

Orthographie (1. Teil)

A. Listen, and write the words with short accented vowels.

1. _____   4. _____
2. _____   5. _____
3. _____   6. _____

B. Listen, and write the words with long accented vowels.

1. _____   4. _____
2. _____   5. _____
3. _____   6. _____

Aussprache (2. Teil)

Melody

Melody at the end of a sentence is similar in English and German: Statements end with a falling melody, yes-no questions with a rising melody, and incomplete utterances with a neutral melody. In utterances, there are differences in the character of melody: In German, melody falls and rises more strongly and evenly, whereas in English melody has more short, graduated changes.

In the following examples, pay close attention to the melody.

A. Listen, but do not repeat.

Das Wetter . . .
Wie ist das Wetter?
Nicht schön.
Aber es regnet nicht.
Ist es kalt?
Es ist kühl und sonnig.

Listen to the examples again, and repeat after the speaker.

Now replay the segment several times and pronounce the examples simultaneously with the speaker. Be sure to imitate the melody.

B. Listen to the sentences and supply the appropriate end punctuation. Then draw an arrow to indicate falling (↓), rising (↑), or neutral (→) sentence melody.

1. Was machst du heute Abend_____ _____

2. Du gehst ins Kino_____ _____

3. Und deine Schwester geht mit_____ _____

4. Ach so_____ _____ du . . .

5. Wo treffen wir uns_____ _____

6. Wo soll ich warten_____ _____

7. Und wann_____ _____

8. Gut_____ _____ Ruf mich bitte noch mal an_____ _____

Check your answers in the answer key. Then replay the segment and pronounce the sentences after the speaker. Then replay the segment several times and pronounce the examples simultaneously with the speaker. Be sure to imitate the melody.

Aussprache (3. Teil)

r-Sounds

In German there are two basically different **r**-sounds: One is pronounced as a consonant, the other as a vowel. As a rule, consonantal **r** appears before vowels. It is formed differently than the *r* in English: In standard German, it is a back fricative similar to the French **r;** that is, it is formed by creating friction in the back of the mouth. In southern Germany, Austria, and Switzerland it is usually pronounced with the tip of the tongue, not unlike the **r** in Spanish.

When **r** is vocalized—that is, pronounced as a vowel—it appears after long vowels (in rapid, lax speech it often occurs after short vowels), as well as in the unstressed combination **-er-** (**Pet*er***). It sounds like a very short, weak, "dark" **a.***

A. Listen to the examples and pay attention to the pronunciation of <r>.

1. Peter – Katrin
2. fahren – (er) fährt
3. hören – hör (zu)

4. Jahr – Jahre
5. Ohr – Ohren
6. Uhr – Uhren

Listen to the examples again, and underline all words that have a clearly consonantal **r**-sound.

B. Listen to each word, then provide the feminine form.

MODELL: der Schüler – die Schülerin

1. der Lehrer
2. der Professor
3. der Amerikaner

4. der Engländer
5. der Schweizer

Replay the segment. This time, listen to both forms and pay attention to the different pronunciation of <r>. Repeat after the speaker.

Orthographie (2. Teil)

A. Listen, and write the words with <r>.

1. _____
2. _____
3. _____

4. _____
5. _____
6. _____

---

*Many students find that the standard **r** is easier to learn, because it is so different from the American English *r* and because it is very close to the **ch**-sound after dark vowels (**a, ch**). The standard **r** is used in this Workbook and Audio Program whenever the **r** is practiced explicity.

B. Listen, and write the words with \<r>, \<rr>, \<R>.

1. _____   6. _____

2. _____   7. _____

3. _____   8. _____

4. _____   9. _____

5. _____   10. _____

KULTURECKE

••

A. Deutschland (D) oder Amerika (USA)? Kreuzen Sie an.

		D	USA
1.	Die Schule beginnt um 8 Uhr.	☐	☐
2.	Man geht auch am Nachmittag in die Schule.	☐	☐
3.	In den meisten Schulen gibt es keinen Religionsunterricht.	☐	☐
4.	In der Oberschule[1] muß man zwei oder drei Fremdsprachen lernen.	☐	☐
5.	Alle Leute, die 16 oder älter sind, haben einen Personalausweis.	☐	☐
6.	Man bekommt den Ausweis auf dem Rathaus.	☐	☐
7.	Man braucht einen Ausweis, wenn man in einer Bar ein Bier trinken will.	☐	☐

[1]*high school*

B. **Wer weiß—gewinnt!** Markieren Sie die richtigen Antworten.

Josef Partykiewicz
Guter Ruf verpflichtet

1. Diese Aktivität zählt **nicht** zu den beliebtesten Freizeitaktivitäten der Deutschen.

   a. Ausflüge machen   b. einkaufen gehen   c. fernsehen   d. Bücher lesen

2. In Deutschland hat man _____ Tage Urlaub im Jahr.

   a. 10   b. 20   c. 25   d. 30

3. In Deutschland arbeitet man _____ 40 Stunden pro Woche.

   a. mehr als   b. genau   c. weniger als   d. viel weniger als

4. Diese Information findet man **nicht** in einem deutschen Personalausweis.

   a. Adresse   b. Geburtsort   c. Beruf   d. Körpergröße

5. An diesem Tag haben alle Geschäfte geschlossen.

   a. Mittwoch   b. Samstag   c. Sonntag   d. Montag

6. Während der Woche schließen in Deutschland die Geschäfte gewöhnlich _____.

   a. um 17 Uhr   b. um 18 Uhr   c. um 20 Uhr   d. um 24 Uhr

7. Was war Wilhelm von Humboldt **nicht**?

   a. Politiker   b. Philosoph   c. Bildungsreformer   d. Naturforscher

8. Wilhelm von Humboldt ist _____ gestorben.

   a. 1573   b. 1668   c. 1835   d. 1921

9. Wilhelm von Humboldt und sein Bruder Alexander von Humboldt sind in Tegel begraben. Tegel ist ein Stadtteil von _____.

   a. Hamburg   b. Berlin   c. Köln   d. Frankfurt

AUFSATZ-TRAINING

A. **Was assoziieren Sie mit** *Sonntagmorgen*? Schreiben Sie Ihre Assoziationen auf.

   MODELL: Lange schlafen. Im Bett frühstücken. Zeitung lesen. Nicht arbeiten. Wandern.

Was assoziieren Sie mit **Montagmorgen**?

_____

_____

_____

Was assoziieren Sie mit **Freitagabend**?

_____

_____

_____

_____

B. Ein kurzer Aufsatz. Schreiben Sie jetzt einen Aufsatz darüber, welche Assoziationen Sie bei Sonntagmorgen oder Freitagabend haben. Benutzen Sie die Listen von Assoziationen, die Sie oben geschrieben haben.

MODELL: Sonntagmorgen schlafe ich lange. Ich frühstücke im Bett und lese die Zeitung. Ich arbeite nicht. Ich wandere in den Bergen und die Sonne scheint.

_____

_____

_____

_____

_____

Besitz und Vergnügen

KAPITEL **2**

BESITZ

. . . .

Schriftliche Aktivitäten

Was haben Sie (nicht)? Nennen Sie fünf Sachen, die Sie haben, und fünf Sachen, die Sie nicht haben. Benutzen Sie die folgenden Listen. Schreiben Sie Ihre Antworten auf.

→ Lesen Sie Grammatik 2.1, „The accusative case" und 2.2, „The negative article **kein, keine**"!

der	das	die	die *(pl.)*
Hund	Regal	Katze	Skier
Schrank	Fahrrad	Küche	Bücher
Schreibtisch	Klavier	Schreibmaschine	Ohrringe
Sessel	Zelt		Bilder
Teppich	Radio		
Wecker			
Fernseher			
Tennisschläger			
CD-Spieler			
Computer			
Kassettenrecorder			
Videorecorder			

Achtung!	Masculine (der)	
	Nom.	Akk.
	ein →	**einen**
	kein →	**keinen**

WAS SIE HABEN

MODELL: Ich habe **einen** Wecker.

1. _____

2. _____

3. _____

4. _____

5. _____

WAS SIE NICHT HABEN

Ich habe **keine** Bücher.

1. _____

2. _____

3. _____

4. _____

5. _____

Hörverständnis

A.   Dialog aus dem Text: Stefan zieht in sein neues Zimmer. Katrin trifft Stefan im Möbelgeschäft.

1.   Wann zieht Stefan in sein neues Zimmer? _____

2.   Was hat Stefan schon?

    a. _____   b. _____   c. _____

3.   Wie viel Geld hat er? _____

4.   Was ist besser für Stefan?

    a. das Möbelgeschäft   b. der Flohmarkt

B.   Alexanders Zimmer. Alexander beschreibt sein Zimmer im Studentenheim.

NEUE VOKABELN

die Stereoanlage, -n   *stereo system*

Was hat Alexander in seinem Zimmer?

1. _____ 5. _____

2. _____ 6. _____

3. _____ *einen Schrank* _____ 7. _____ *eine Stereoanlage* _____

4. _____ 8. _____

Was möchte er für sein Zimmer?

1. _____ 2. _____

GESCHENKE

....

Schriftliche Aktivitäten

Was möchten Sie haben? Was möchten Sie in Ihrem Zimmer haben? Schreiben Sie eine Liste.

➜ Lesen Sie Grammatik 2.3, „What would you like? **Ich möchte . . . ?**"!

   MODELLE: Ich möchte einen Hund haben.

   Ich möchte Bilder haben.

1. _____

2. _____

3. _____

4. _____

5. _____

Hörverständnis

A.   Dialog aus dem Text: Ein Geschenk für Josef. Melanie trifft Claire in der Mensa.

Richtig (R) oder falsch (F)? Korrigieren Sie die falschen Sätze.

1. _____   Josef hat am nächsten Donnerstag Geburtstag. _____

   _____

2. _____   Seine Hobbys sind Fußball spielen und fernsehen. _____

   _____

3. _____   Melanie und Claire kaufen ein Songbuch für Josef zusammen. _____

   _____

B. Geschenke. Frau Schulz spricht mit den Studenten im Deutschkurs über ihre Geburtstagswünsche.[1]

NEUE VOKABELN

bestimmt   *surely*
die Allergie, -n   *allergy*
schade   *unfortunate, too bad*
niedlich   *cute*

Was möchten sie haben?

1. Was möchte Stefan haben?

   a. _____   b. _____

2. Was möchte Nora haben? _____

3. Was möchte Monika haben? _____

4. Was möchte Albert haben? _____

[1]*birthday wishes*

GESCHMACKSFRAGEN

Schriftliche Aktivitäten

A. Das finde ich toll! Denken Sie an die folgenden Menschen, wie sie aussehen, was sie tragen oder besitzen. Was finden Sie gut, sehr gut oder super? Was finden Sie nicht gut, gar nicht gut oder furchtbar?

MÖGLICHKEITEN

die Augen (*pl.*)	die Haare (*pl.*)	der Körper	der Schnurrbart
das Auto	das Haus	die Lederjacke	die Schuhe (*pl.*)
der Bart	die Hosen (*pl.*)	der Nasenring	die Stereoanlage
das Boot	der Hund	der Pelzmantel	die Uhr
der Diamantring	die Kette	das Pferd	der Walkman
das Gesicht	die Kleider (*pl.*)	der Schmuck	

MODELL: Meine Mutter → Ich finde ihre Haare super.

1. Mein Vater _____

2. Meine Mutter _____

3. Mein Freund _____

4. Meine Freundin _____

5. Ich _____

6. Meine Mutter und ich _____

7. Der Präsident der USA _____

8. Die Frau des Präsidenten _____

9. Bart und Lisa Simpson _____

B. Was tun Sie lieber? Sagen Sie, was Sie oder andere Personen lieber tun.

> **Achtung!**   verb + **gern** = *like to*
> verb + **lieber** = *prefer to*

MODELLE: Sie / Tennis spielen oder Basketball spielen? →
Ich spiele lieber Tennis.

Ihr Bruder / einen Pulli tragen oder eine Jacke tragen? →
Mein Bruder trägt lieber einen Pulli.

1. Ihre Mutter / Briefe schreiben oder telefonieren?

_____

2. Ihre Eltern / ins Kino gehen oder fernsehen?

_____

3. Sie und Ihr Freund (Ihre Freundin) / zu Hause kochen oder ins Restaurant gehen?

_____

4. Ihr Freund (Ihre Freundin) / eine Katze oder einen Hund haben?

_____

5. Sie / einen CD-Spieler haben oder einen Fernseher haben?

_____

Hörverständnis

A. **Ausverkauf[1] im Kaufpalast.** Sie hören Werbung für den Ausverkauf im Kaufpalast.

NEUE VOKABELN

Aufgepasst!   *Attention please!*
die Elektroabteilung   *appliance department*
die Größe, -n   *size*
die Gartengeräte (*pl.*)   *gardening equipment*
Greifen Sie zu!   *Go for it!*

Setzen Sie die fehlenden Waren[2] in den Text ein!

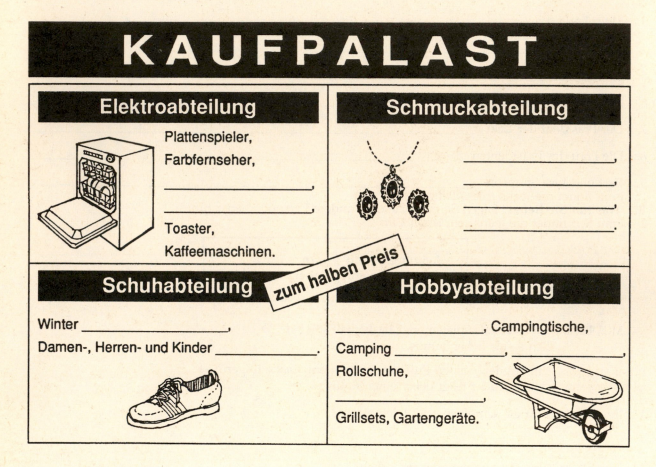

KAUFPALAST

Elektroabteilung

Plattenspieler,
Farbfernseher,
_____,
_____,
Toaster,
Kaffeemaschinen.

Schmuckabteilung

_____
_____
_____

zum halben Preis

Schuhabteilung

Winter _____,
Damen-, Herren- und Kinder _____.

Hobbyabteilung

_____, Campingtische,
Camping _____, _____,
Rollschuhe,
_____,
Grillsets, Gartengeräte.

[1]*sale*
[2]*merchandise*

B. Das ist Geschmackssache![1] Jutta Ruf und ihre Mutter sind bei Karstadt, einem großen Kaufhaus.[2] Frau Ruf möchte etwas für Jutta kaufen, aber Jutta findet nichts[3] schön, was ihre Mutter möchte. Und was Jutta kaufen möchte, findet ihre Mutter hässlich.

NEUE VOKABELN
die Lederjacke, -n   *leather jacket*
unmöglich   *impossible*

Welches Wort passt?

1. Jutta findet die Jeans *teuer / billig.*

2. Frau Ruf findet die Jeans sehr *schön / alt.*

3. Der Rock ist *schwarz und lang / schwarz und kurz.*

4. Jutta findet das gelbe Kleid *schön / hässlich.*

5. Jutta möchte einen Ring aus *Gold / Silber* kaufen.

6. Jutta möchte *einen Nasenring / Ohrringe* kaufen.

[1]*a matter of taste*
[2]*department store*
[3]*nothing*

VERGNÜGEN

Schriftliche Aktivitäten

Was machst du gern?

1. Sie suchen einen neuen Mitbewohner / eine neue Mitbewohnerin. Damit es später keine Probleme gibt, stellen Sie mindestens[1] fünf Fragen über den Tagesablauf und die Freizeitaktivitäten der möglichen Kandidaten.

→ Lesen Sie Grammatik 2.5, „Present tense of stem-vowel changing verbs"!

NÜTZLICHE VERBEN

früh aufstehen	rauchen[2]	fernsehen
duschen	schlafen	kochen
essen	telefonieren	einladen
arbeiten	lesen	
laute Musik hören		

NÜTZLICHE FRAGEWÖRTER

wo	wie oft	was
wann	wie lange	

MODELLE: Rauchst du? Wie viel?
Was isst du gern?

a. _____

b. _____

c. _____

d. _____

e. _____

_____

_____

_____

[1]*at least*
[2]*to smoke*

2. Jetzt beantworten Sie Ihre Fragen selbst!

MODELLE: Nein, ich rauche nicht.

Ich esse gern Spaghetti und Pizza.

a. _____

b. _____

c. _____

d. _____

e. _____

_____

_____

Hörverständnis

A. Dialog aus dem Text: Was machst du heute Abend?

1. Willi trifft Sofie vor der Bibliothek der Universität Dresden. Ergänzen[1] Sie den Text.

WILLI: Was _____ heute Abend?

SOFIE: _____ noch nicht. Was machst du denn?

WILLI: Ich weiß auch noch nicht.

SOFIE: Also . . . bei Rudi ist ein Fest. _____ Lust?

WILLI: Rudi? Ach nee, seine Feste sind immer langweilig.

SOFIE: Aber, Willi, wenn wir auf ein Fest gehen, _____ nie langweilig!

2. Claire spricht mit Melanie am Telefon.

CLAIRE: Ihr geht ins Kino? Was läuft denn?

MELANIE: _____

CLAIRE: Ja? Wo denn?

MELANIE: _____

CLAIRE: Und wann?

MELANIE: _____

CLAIRE: Da komme ich mit.

[1]complete

B. Bildgeschichte: Ein Tag in Silvias Leben.

1. Verbinden Sie die richtigen Satzteile!

_____ Silvia schläft

_____ Vor dem Frühstück

_____ Heute trägt sie

_____ Sie fährt

_____ Um 12 Uhr isst

_____ Sie trifft

_____ Jürgen lädt sie

_____ Nach dem Essen geht sie

_____ Dann liest sie

_____ Um 12.30 Uhr

a.   zum Abendessen ein.
b.   sie in der Mensa.
c.   schläft sie ein.
d.   noch eine halbe Stunde im Bett.
e.   nach Hause und sieht fern.
f.   mit dem Bus zur Uni.
g.   läuft sie fünf Kilometer.
h.   Jürgen.
i.   Jeans und eine Jacke.
j.   bis 8 Uhr.

2. Und Sie? Beantworten Sie die Fragen!

a.   Wie lange schlafen Sie? _____

b.   Was machen Sie vor dem Frühstück? _____

c.   Was tragen Sie heute? _____

d.   Wann fahren Sie an die Uni? _____

e.   Wann essen Sie Mittag? _____

f.   Wen treffen Sie heute nachmittag? _____

g.   Was machen Sie heute abend? _____

h.   Wann gehen Sie ins Bett? _____

C. Rollenspiel: Am Telefon.

S1: Sie rufen einen Freund/eine Freundin an. Sie haben am Samstag ein Fest. Laden Sie Ihren Freund/Ihre Freundin ein.

S2: Das Telefon klingelt. Ein Freund/Eine Freundin ruft an. Er/Sie lädt Sie ein. Fragen Sie: wo, wann, um wie viel Uhr, wer ist da. Sagen Sie „ja" oder „nein", und sagen Sie „tschüs".

VOR DEM HÖREN

What kind of information do you need to provide when you invite someone to a party? Imagine you are having a party. Make a list of the information you need to give your friends when you invite them.

Warum? _____

Wann? _____

Wo? _____

Wer kommt? _____

WÄHREND DES HÖRENS

1. Wie lädt Andreas Ilona zur Party ein? Was sagt er? Kreuzen Sie an!

    a. ☐ Ich habe mein Abitur gemacht, und wir machen morgen eine Party bei mir.

    b. ☐ Ich habe morgen Geburtstag, und wir machen eine Party bei mir.

    c. ☐ Ich möchte dich gerne dazu einladen.

    d. ☐ Sie sind herzlich eingeladen.

    e. ☐ Glauben Sie, Sie könnten kommen?

    f. ☐ Kannst du kommen?

2. Welche Fragen stellt Ilona? Kreuzen Sie an!

    a. ☐ Wann [fängt die Party] denn [an]?

    b. ☐ Wo findet die Party statt?

    c. ☐ Wo wohnst du denn jetzt?

    d. ☐ Wer kommt denn noch am Samstag?

    e. ☐ Kommt dein Freund Bernd?

    f. ☐ Kannst du deinen Freund Bernd auch einladen?

D. **Ein echtes Vergnügen!** Rolf Schmitz sitzt in einem Café in Berkeley mit Sabine, einer Studentin aus Deutschland. Sie sprechen über Freizeitaktivitäten in Berkeley.

NEUE VOKABELN
jede Menge   *everything possible*
bloss   *simply*
der Wilde Westen   *the Wild West*

Was macht Rolf gern? Setzen Sie die fehlenden Substantive[1] und Verbformen ein.

> **Achtung!**   Beachten Sie die Verbformen.
> Sie hören: Ich sehe gern fern.
> Sie schreiben: Er *sieht* gern fern.

1. Rolf geht gern _____ oder ins Kino.

2. Er _____ auch gern ins Theater oder ins _____.

3. Er fährt gern _____.

4. Er _____ gern Sport.

5. Er _____ nächsten Samstag Fußball.

[1]*nouns*

AUSSPRACHE UND ORTHOGRAPHIE

· ·

Aussprache (1. Teil)

Rounded Vowels

The rounded vowels are formed with rounded lips (as when you whistle). Look in a mirror to see if your lips are really rounded, when you pronounce these sounds. As with the unrounded vowels, there are rounded long (tense) and short (lax) sounds.

A.   Listen to the following examples.

1.   Familie **Bohme** kommt aus Koblenz.
2.   Familie **Bomme** kommt aus Bonn.
3.   Familie **Buhme** kommt aus Suhl.
4.   Familie **Bumme** kommt aus Fulda.
5.   Familie **Böhme** kommt aus Bad Kösen.
6.   Familie **Bömme** kommt aus Köln.
7.   Familie **Bühme** kommt aus Lübeck.
8.   Familie **Bümme** kommt aus München.

Listen to the family names a second time and pronounce them after the speaker.

Bohme – Bomme
Buhme – Bumme
Böhme – Bömme
Bühme – Bümme

Note: If you have difficulties pronouncing the **ö-** and **ü-**sounds, then first form **e-** and **i-**sounds, respectively, and leaving your tongue in the same position, round your lips. Be sure your tongue does not slip back.

Make out of:

[e:] as in **Tee,** an [ø:] as in **Böhme**

[ɛ] as in **es,** an [œ] as in **Bömme**

[i:] as in **sie,** an [y:] as in **Bühme**

[ɪ] as in **in,** an [ʏ] as in **Bümme**

Replay the segment, and repeat the sentences after the speaker. Pay attention to vowel length in the town names as well.

B. Now imagine that all eight families live together in an apartment building on the island of Rügen. Listen, several times if necessary, and write the names in the appropriate apartment.

7	8
5	6
3	4
1	2

Now listen to the names and pronounce them after the speaker.

C. Now listen to the names again, this time in a different order. Fill in the missing letters and then write down how many books each family has. Listen several times, if necessary.

	1	2	3	4	5	6	7	8
Familie	B___me	B___me	B___me	B___me	B___me	B___me	B___me	B___me
Bücher								

Check your answers in the answer key. Replay the segment, this time pronouncing each sentence after the speaker.

D. Look for examples of words with the following vowel sounds in the Wortschatz list of your textbook, **Einführung A** and **B** and **Kapitel 1** and **2**. Write your examples in the appropriate column.

long ö ([ø:])	short ö ([œ])	long ü ([y:])	short ü ([ʏ])
schön	können	kühl	Rücken
Österreich			

Now read the words in each column aloud.

Now use several of the words in each group in a sentence. Write your sentences down and read them aloud.

MODELL: Österreich ist schön.

1. _____

2. _____

3. _____

4. _____

E. What written variations can you find for the different vowel sounds? Look for examples in the chart in **Übung D.**

1. [o:] a. _____   b. _____   c. _____

2. [ɔ] _____

3. [u:] a. _____   b. _____

4. [ʊ] _____

5. [ø:] a. _____   b. _____

6. [œ] _____

7. [y:] a. _____   b. _____   c. _____

8. [ʏ] a. _____   b. _____

F. Vowel length. Which written variations are there for long vowels? for short vowels?

Long vowels: a. _____   b. _____

Short vowels: _____

See main text, Appendix D for a complete overview of the written variations.

G.   **Ö-** and **ü**-sounds frequently occur in plurals. Provide the plural form for the following words.

1. der Sohn – die _____   5. der Boden – die _____

2. die Tochter – die _____   6. der Stuhl – die _____

3. die Mutter – die _____   7. das Buch – die _____

4. der Bruder – die _____   8. der Fuß – die _____

Check your answers in the answer key, then listen to the answers and repeat after the speaker. Listen several times, if necessary.

Now form sentences with these words and read them aloud.

Ich sehe ein/eine/einen . . .   Ich sehe fünf/zwölf . . .

Orthographie (1. Teil)

A. Listen, and write the words you hear with the umlauted vowel **ä**.

1. _____   4. _____

2. _____   5. _____

3. _____   6. _____

B. Listen, and write the words you hear with the regular vowel **a**.

1. _____   4. _____

2. _____   5. _____

3. _____   6. _____

C. Listen, and write the words you hear with the umlauted vowel **ö**.

1. _____   4. _____

2. _____   5. _____

3. _____   6. _____

D. Listen, and write the words you hear with the regular vowel **o**.

1. _____   4. _____

2. _____   5. _____

3. _____   6. _____

E. Listen, and write the words you hear with the umlauted vowel **ü**.

1. _____   4. _____

2. _____   5. _____

3. _____   6. _____

F. Listen, and write the words you hear with the regular vowel **u**.

1. _____   4. _____

2. _____   5. _____

3. _____   6. _____

Aussprache (2. Teil)

Vocalic r and Schwa

In **Kapitel 1** you became familiar with the **r**-sounds. North American speakers frequently have difficulties pronouncing the German **r**. This is especially true in the case of vocalic **r**, which is written as the consonant <r> but is pronounced as a vowel. Vocalic **r** ([ɐ]) is very similar to schwa ([ə]); indeed, sometimes it is difficult to distinguish the two sounds. Vocalic **r** is pronounced:

- when written as <-er-> in unstressed syllables, for example: **Pet*er*, ver*heiratet.**
- when written as <r> after vowels, for example: **Uh*r*, fäh*r*t.**

Written <e> is pronounced as a schwa [ə]:

- in the ending **-e,** for example: **bitt*e*, dank*e*.**
- and in the prefixes **be-, ge-,** for example: *Be*ruf, *ge*boren.

In the ending **-en** the schwa usually disappears altogether (see **Kapitel 10**).

A.   Listen, but do not repeat.

1. eine – einer
2. keine – keiner
3. jede – jeder
4. welche – welcher

5. liebe – lieber
6. Deutsche – Deutscher
7. spiele – Spieler
8. lese – Leser

Now you will hear only one of the words in each pair. Underline the word you hear.

B.   Listen to the following sentences, several times if necessary, and complete the blanks with <e>, <er>, <r>, or nothing <->.

Was haben Sie in Ihrem Zimmer?

Alb_____t sagt_____: In meinem Zimm_____ sind ein_____ Klavie_____, vie_____ Bild_____, ein_____

Weck_____, ein_____ Lamp_____, viel_____ Büch_____, ein_____ Gitarr_____, zwei Stühl_____,

ein_____ Tisch_____, ein_____ Regal_____ und ein_____ Schrank_____.

Check your answers in the answer key. Then replay the segment, several times if necessary, and repeat after the speaker.

Orthographie (2. Teil)

Listen, and write the words with <r>, <er>, or <e>.

1. _____
2. _____
3. _____
4. _____
5. _____

6. _____
7. _____
8. _____
9. _____
10. _____

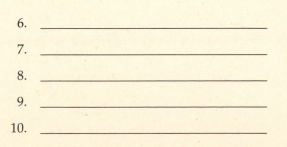

KULTURECKE

A. **Wissenswertes zur deutschen Alltagskultur.** Ergänzen Sie die Sätze mit dem passenden Wort aus dem Wortkasten.

Briefkästen   Franc   Fernsehen

Telefonkarte

Ausschlafen

Euro   Mark   Straßen

Telefonzellen

Brücken   Personen   Kreditkarte

1. Postautos und _____ sind gelb.

2. In vielen Telefonzellen kann man nur mit einer _____ telefonieren.

3. Am Wochenende ist für viele Deutsche das _____ am wichtigsten.

4. Die neue Währung in Deutschland und zehn anderen Ländern der Europäischen Union heißt

   _____.

5. Auf den neuen Geldscheinen sieht man berühmte _____ und Tore.

6. Die Deutsche _____ war die alte Währung in Deutschland.

B. Wer weiß—gewinnt! Markieren Sie die richtigen Antworten.

1. Anne-Sophie Mutter ist _____.

    a. Pianistin   b. Ingenieurin   c. Cellistin   d. Violinistin

2. Sie spielte schon mit _____ Jahren bei den Salzburger Festspielen.

    a. 10   b. 8   c. 13   d. 4

3. Anne-Sophie Mutter hört in ihrer Freizeit gern _____-Musik.

    a. Jazz   b. Rock   c. Techno   d. House

4. Seit 1920 finden im _____ in Salzburg die Festspiele statt.

    a. Winter   b. Frühling   c. Herbst   d. Sommer

5. Salzburg liegt in _____.

    a. Österreich   b. der Schweiz   c. Deutschland   d. Norditalien

6. In Salzburg steht das Geburtshaus des berühmten Komponisten _____.

    a. Beethoven   b. Bach   c. Strauß   d. Mozart

7. Er wurde _____ in Salzburg geboren.

    a. 1648   b. 1756   c. 1066   d. 1789

8. Schwabing ist ein Stadtteil von _____.

    a. Köln   b. Berlin   c. Hamburg   d. München

AUFSATZ-TRAINING

• •

A. Monikas Aufsatz. Monika wrote her composition before she studied the present tense of stem-vowel-changing verbs. Proofread her composition and correct all wrong verb forms. Cross out the wrong verb form and write the correct one above it. *Hint:* The following verbs have a different vowel in the second- and third-person singular forms: **einladen, essen, fahren, fernsehen, laufen, lesen, schlafen, treffen, vergessen, waschen.**

➜ Lesen Sie Grammatik 2.5, „The present tense of stem-vowel-changing verbs"!

Mein Freund Kevin:

Ich kenne Kevin schon lange, und er ist ein guter Freund von mir. Er fahrt gern Motorrad und er lauft

gern. Er trefft sich gern mit Freunden oder ladt sie zum Essen ein. Am liebsten esst er mexikanisch. Er

seht nicht sehr gern fern, er lest lieber Bücher und natürlich Comix. Samstags und sonntags schlaft er

bis Mittag, weil er abends auf Partys oder in die Disco geht. Dann steht er auf, wascht sich schnell das

Gesicht und geht frühstücken. Manchmal vergesst er auch, sich das Gesicht zu waschen. Dann sage ich

zu ihm: Na, warst du in Florida? Du bist ja so braun!

B. Jetzt sind Sie dran! Now write a little composition about a person you know and what he or she likes and doesn't like to do.

_____

_____

_____

_____

Talente, Pläne, Pflichten

KAPITEL

TALENTE UND PLÄNE

· ·

Schriftliche Aktivitäten

Was können Sie machen? Nennen Sie fünf Aktivitäten, die Sie machen können, und fünf Aktivitäten, die Sie nicht machen können. Verwenden Sie Ausdrücke aus der folgenden Liste.

→ Lesen Sie Grammatik 3.1, „The modal verbs 1: **können, wollen, mögen**"!

singen	Tennis, Volleyball, Fußball,	kochen
Witze erzählen	Tischtennis spielen	stricken
Autos reparieren	Deutsch, Französisch,	Rollschuh laufen
zeichnen	Spanisch, Russisch sprechen	Schlittschuh fahren
segeln	tanzen	Ski fahren
fotografieren	Klavier, Gitarre, Geige spielen	?
Motorrad fahren		

NÜTZLICHE ADVERBIEN

[+]	[0]	[−]
ausgezeichnet	ganz gut	nicht so gut
sehr gut	nur ein bisschen	gar nicht
gut		kein bisschen

ICH KANN . . .

MODELL: Ich kann ausgezeichnet Spaghetti kochen.

1. _____
2. _____
3. _____
4. _____
5. _____

ICH KANN NICHT . . .

MODELL: Ich kann kein bisschen stricken.

1. _____
2. _____
3. _____
4. _____
5. _____

Hörverständnis

A. Hobbys. Frau Schulz spricht mit den Studenten über ihre Hobbys.

NEUE VOKABELN

der Knoblauch   *garlic*

Wer macht was? Kreuzen Sie an.

	PETER	MONIKA	NORA	STEFAN
nicht stricken	☐	☐	☐	☐
windsurfen	☐	☐	☐	☐
Gitarre spielen	☐	☐	☐	☐
kochen	☐	☐	☐	☐

B. Pläne. Jürgen Baumann erzählt seinem Freund Hans, was er für seine Ferien plant.

NEUE VOKABELN

genießen   *to enjoy*
die „Ente"   *an old Citroen*

Beantworten Sie die Fragen.

1. Wie viele Monate muss Jürgen noch arbeiten? _____

2. Was will er lernen? _____

3. Wie viele Wochen Ferien will er machen? _____

4. Wohin möchten Silvia und Jürgen fahren? _____

5. Was kann Silvia gut? _____

6. Was kann Jürgen gut? _____

7. Was wollen sie kaufen? _____

PFLICHTEN

●●●

Schriftliche Aktivitäten

A. Lydia will fernsehen. Lydia Frisch möchte einen Krimi[1] im Fernsehen sehen. Sie fragt ihre Mutter. Benutzen Sie **können, dürfen** oder **müssen**.

→   Lesen Sie Grammatik 3.2, „The modal verbs 2: **müssen, sollen, dürfen**"!

LYDIA: Mami, heute abend kommt ein Krimi im Fernsehen. _____[a] ich den sehen?

FRAU FRISCH: Wann denn?

LYDIA: Um 9 Uhr.

FRAU FRISCH: Nein, Lydia, das ist zu spät. Du _____[b] doch morgen früh zur Schule!

LYDIA: Aber, Mami, ich gehe auch sofort nach dem Film ins Bett.

FRAU FRISCH: Lydia, du bist erst 12. Ein Kind in deinem Alter _____[c] mindestens acht Stunden schlafen.

LYDIA: Aber ich _____[d] doch acht Stunden schlafen!

FRAU FRISCH: Wie denn? Du _____[e] um Viertel vor sieben aufstehen!

LYDIA: Wenn ich nach dem Film um halb elf ins Bett gehe und gleich einschlafe, sind es genau acht Stunden bis Viertel vor sieben.

FRAU FRISCH: Wer weiß, ob du da gleich einschläfst.

LYDIA: Ach, Mami, _____[f] ich ihn sehen? Bitte?

FRAU FRISCH: Nein, Lydia, tut mir leid, aber es geht einfach nicht.

LYDIA: Ach, Mami, du bist gemein[2] . . . Alle in meiner Klasse _____[g] ihn sehen, nur ich nicht.

[1]crime thriller, "whodunit"
[2]mean

B. Andrea Wagner ist erst 10 Jahre alt. Was möchte sie? Was muss sie? Was darf sie? Schreiben Sie eine kleine Geschichte.

     um 10 Uhr mit Freunden ins Kino gehen
     um 12 Uhr ins Bett gehen
     um 7 Uhr aufstehen
     jeden Tag Hausaufgaben machen
     Chips essen und Cola trinken
     um 8 Uhr „Die Simpsons" gucken[1]
     jeden Tag in die Schule gehen
     ?

1. Andrea möchte _____

_____

_____

2. Andrea muss _____

_____

_____

3. Andrea darf _____

_____

_____

Und Sie? Denken Sie an Ihr Leben als Student/Studentin. Was möchten Sie? Was müssen Sie? Was dürfen Sie? Schreiben Sie!

_____

_____

_____

_____

_____

[1]*watch*

Hörverständnis

A. Dialog aus dem Text: Rolf trifft Katrin in der Cafeteria.

Richtig oder falsch?

1. _____ Rolf stört Katrin beim Lernen.

2. _____ Morgen hat Katrin eine Prüfung.

3. _____ Katrin muss noch das Arbeitsbuch kaufen.

4. _____ Katrin will heute Abend fernsehen.

B. Pflichten. Ernst Wagner möchte einen Hund. Ernst spricht mit seiner Mutter. Er fragt, ob er einen Hund haben darf.

NEUE VOKABELN

füttern   *to feed*
der Spinat   *spinach*
die Eisdiele, -n   *ice-cream parlor*

Was ist richtig?

1. Ernst möchte _____.

   a. einen kleinen Hund mit kurzen Ohren
   b. einen kleinen Hund mit langen Ohren
   c. einen großen Hund mit kurzen Ohren
   d. einen großen Hund mit langen Ohren

2. Hunde dürfen _____ essen.

   a. keine Wurst
   b. keinen Spinat
   c. keine Butter
   d. keine Tomaten

3. Ernst muss mit dem Hund jeden Tag _____ gehen.

   a. in den Park
   b. in die Schule
   c. an die Uni
   d. ins Kino

4. Ernsts Freund Hubert nimmt _____ in die Schule mit.

   a. seine Katze
   b. seinen Hamster
   c. seinen Hund
   d. seine Maus

5. Ernst will mit seinem Hund spazieren gehen, ihn kämmen, ihn füttern und _____.

   a. ihn baden
   b. mit ihm sprechen
   c. mit ihm spielen
   d. auf ihm reiten

6. Frau Wagner _____.

   a. will Ernst einen Hund kaufen
   b. will Ernst keinen Hund kaufen
   c. will mit ihrem Mann darüber sprechen
   d. will mit Jutta darüber sprechen

ACH, WIE NETT!

Schriftliche Aktivitäten

Geschmacksfragen. Wie finden Sie ihn, sie oder es? Benutzen Sie die folgenden Wörter, und beantworten Sie die Fragen.

➔ Lesen Sie Grammatik 3.3, „Accusative case: personal pronouns"!

ziemlich	altmodisch, intelligent, ausgezeichnet,
sehr	toll, interessant, hässlich, hübsch,
einfach	gut aussehend,[1] schön, langweilig, dumm,
ganz	schlecht, gut, blöd[2]

> **Achtung!** **Ich finde** + Akkusativ

MODELLE: Wie finden Sie Antonio Banderas? → Ich finde **ihn** sehr gut aussehend.
Wie finden Sie seine Filme? → Ich finde **sie** einfach langweilig.

1. Wie finden Sie Barbra Streisand. Ich finde *sie* _____

_____

2. Wie finden Sie ihre Filme? _____

_____

3. Wie finden Sie Elvis Presley? _____

_____

4. Wie finden Sie seine Musik? _____

_____

5. Wie finden Sie Modeschmuck? _____

_____

6. Wie finden Sie moderne Kunst? _____

_____

7. Wie finden Sie klassische Musik? _____

_____

8. Wie finden Sie deutsche Literatur? _____

_____

[1]*good looking*
[2]*stupid, idiotic*

9. Wie finden Sie Ihren Deutschkurs? _____

    _____

10. Wie finden Sie Ihre Deutschprofessorin / Ihren Deutschprofessor? _____

    _____

Hörverständnis

A. Dialog aus dem Text: Heidi sucht einen Platz in der Cafeteria.

Beantworten Sie die Fragen.

1. Woher kommt Stefan? _____

2. Woher kommt Heidi? _____

Richtig oder falsch? Korrigieren Sie die falschen Sätze.

3. _____ Heidi studiert Kunstgeschichte. _____

4. _____ Stefan will bei einer deutschen Firma arbeiten. _____

    _____

B. Rollenspiel: In der Mensa.

S1: Sie sind Student/Studentin an der Uni in Regensburg. Sie gehen in die Mensa und setzen sich zu jemand an den Tisch. Fragen Sie, wie er/sie heißt, woher er/sie kommt und was er/sie studiert.

S2: Sie sind Student/Studentin an der Uni in Regensburg und sind in der Mensa. Jemand möchte sich an Ihren Tisch setzen. Fragen Sie, wie er/sie heißt, woher er/sie kommt und was er/sie studiert.

VOR DEM HÖREN

Was wollen Sie von einem anderen Studenten / einer anderen Studentin wissen, wenn Sie die Person noch nicht kennen? Machen Sie eine Liste.

Wie heißt du? _____   _____

_____   _____

_____   _____

WÄHREND DES HÖRENS

Wie spricht Adrianna Tom an[1]? Welche Fragen stellt sie ihm? Wie versucht sie, mit ihm in Kontakt zu kommen? Ergänzen Sie den Text!

ADRIANNA: _____

TOM: Ja.

ADRIANNA: _____ in dem Englischseminar von Professor Hartmann?

TOM: Stimmt.

ADRIANNA: _____ so tolle Tennisschuhe an und sprichst so gut

Englisch . . . _____

TOM: Genau . . . aus Amerika, aus Washington, um genau zu sein . . .

ADRIANNA: _____ hier in Heidelberg?

TOM: Nein, dies ist mein erstes Semester. Eigentlich studiere ich Informatik. Ich will später bei

einer internationalen Firma arbeiten.

ADRIANNA: _____

TOM: Nachtleben? Was für'n Nachtleben?

ADRIANNA: Na, die Kneipen und Diskos in der Altstadt.

TOM: Nein, keine Ahnung. Wo denn?

ADRIANNA: _____ ins Kino ein, und dann gehen wir in

eine Kneipe oder vielleicht essen . . .

TOM: Hmmm, also eigentlich . . . eigentlich muss ich arbeiten . . .

ADRIANNA: Und morgen Abend? Wir können ja auch morgen gehen. _____

TOM: Morgen Abend . . . muss ich auch arbeiten.

ADRIANNA: Okay, okay, _____,

dann rufe ich dich an . . .

TOM: Ich habe leider noch kein Telefon und muss jetzt auch gehen. Ich habe ein Seminar um

4 Uhr. Tschüs! Viel Spaß in der Kneipe!

[1]spricht . . . an *addresses*

C. Ach, wie nett! Frau Frisch geht mit ihrer Tochter Rosemarie durch die Stadt. Frau Frisch ist in Eile, Rosemarie aber nicht. Rosemarie will alles haben und sieht sich alle Schaufenster[1] an.

Welches Wort passt?

1. Rosemarie findet den blauen Mantel *schön / hässlich / warm*.

2. Rosemarie will *eine Geige / ein Klavier / eine Trompete* kaufen.

3. Rosemarie möchte *eine Orange / einen Apfel / eine Banane* haben.

4. Sie sagt, sie hat *Hunger / Durst*.

[1]*display windows, store windows*

KÖRPERLICHE UND GEISTIGE VERFASSUNG

Schriftliche Aktivitäten

A. Körperliche Verfassung. Sagen Sie, warum Sie das machen wollen.

→ Lesen Sie Grammatik 3.4, „Word order: dependent clauses" und Grammatik 3.5, „Dependent clauses and separable-prefix verbs"!

MODELLE: zur Bibliothek gehen → Ich gehe zur Bibliothek, weil ich ein Buch brauche.
Aspirin nehmen → Ich nehme Aspirin, weil ich Kopfschmerzen habe.

1. zur Bank gehen _____

_____

2. Pizza essen _____

_____

3. Wasser trinken _____

_____

4. zum Supermarkt gehen _____

_____

5. zum Arzt gehen _____

_____

B. **Geistige Verfassung.** Sagen Sie, was Sie machen, wenn Sie sich so fühlen. Beachten Sie die Wortstellung!

MODELLE: Was machen Sie, wenn Sie Langeweile haben? →
          Wenn ich Langeweile habe, rufe ich meine Freundin an.

          Was machen Sie, wenn Sie traurig sind? →
          Wenn ich traurig bin, esse ich ein Eis.

1. Was machen Sie, wenn Sie deprimiert sind?

Wenn _____ bin, _____

_____

2. Was machen Sie, wenn Sie glücklich sind?

Wenn _____

_____

3. Was machen Sie, wenn Sie wütend sind?

Wenn _____

_____

4. Was machen Sie, wenn Sie müde sind?

Wenn _____

_____

5. Was machen Sie, wenn Sie besorgt sind?

Wenn _____

_____

Hörverständnis

A. Der arme Herr Ruf. Herr Ruf ist bei seiner Ärztin. Es geht ihm nicht gut.

1. Was sind Herrn Rufs Beschwerden? Kreuzen Sie an!

   a. ☐ Er hat oft Kopfschmerzen.

   b. ☐ Er hat Magenschmerzen.

   c. ☐ Er ist immer müde.

   d. ☐ Er schläft den ganzen Tag.

   e. ☐ Er kann nicht schlafen.

   f. ☐ Er hat schwere Beine.

   g. ☐ Er macht sich Sorgen um sein Geld.

   h. ☐ Er hat Augenschmerzen.

NEUE VOKABELN

die Kopfschmerzen (*pl.*) *headache*
der Wal, -e *whale*
die Beratung, -en *consultation*

2. Was rät ihm die Ärztin? Kreuzen Sie an!

   a. ☐ Er soll nicht mehr rauchen.

   b. ☐ Er soll Kopfschmerztabletten nehmen.

   c. ☐ Er soll nicht mit dem Auto zum Supermarkt fahren.

   d. ☐ Er soll jeden Tag schwimmen gehen.

   e. ☐ Er soll zu einer psychologischen Beratung gehen.

AUSSPRACHE UND ORTHOGRAPHIE

· ·

Aussprache (1. Teil)

Sentence Rhythm, Pauses, and Stress

As in sentence melody, great similarities exist in German and English sentence rhythm, pauses, and stress. In the following exercises, you will be made aware of the small, yet significant, differences between German and English. They can be found above all in the type and phonetic features of the rhythmic grouping. As you work through the following exercises, pay attention to the pauses and to the main stresses of the rhythmic groups that occur between two pauses. One of these group stresses is the *sentence stress*, the heaviest stress in the sentence. In German, it is often at the end of a sentence.

A. Listen, but do not repeat.

1. Wenn ich Hunger habe / gehe ich . . . ins Restaurant.

2. Wenn ich Durst habe / gehe ich . . . nach Hause.

3. Wenn ich müde bin / gehe ich . . . ins Bett.

4. Wenn ich traurig bin / gehe ich . . . zu meiner Freundin.

5. Wenn ich krank bin / gehe ich . . . ins Krankenhaus.

6. Wenn ich Langeweile habe / gehe ich . . . ins Museum.

Replay the segment and mark the pauses (/) in the sentences where you hear them.

B. What rhythm do the following place names have in the sentences in **Übung A**? Listen as the place names are read again and match each with the appropriate rhythm sequence (● = unstressed syllable, ● = stressed syllable).

1. _____ ins Restaurant   a. ● ●
2. _____ nach Hause   b. ● ● ●
3. _____ ins Bett   c. ● ● ● ● ●
4. _____ zu meiner Freundin   d. ● ● ● ●
5. _____ ins Krankenhaus   e. ● ● ● ●
6. _____ ins Museum   f. ● ● ● ● ●

Check your answers in the answer key. Read the place names aloud, and tap on your table when you say the stressed syllable (largest dot). Then underline the stressed syllable in the place names in the numbered list above.

C. Listen as the sentences from **Übung A** are read once more, and underline the stressed syllable in each of the first two rhythmic groups.

1. Wenn ich Hunger habe, gehe ich . . . ins Restaurant.

2. Wenn ich Durst habe, gehe ich . . . nach Hause.

3. Wenn ich müde bin, gehe ich . . . ins Bett.

4. Wenn ich traurig bin, gehe ich . . . zu meiner Freundin.

5. Wenn ich krank bin, gehe ich . . . ins Krankenhaus.

6. Wenn ich Langeweile habe, gehe ich . . . ins Museum.

Replay the segment, this time paying attention to the pauses and stresses in the sentences. Underline twice the syllable of the word that carries the main sentence stress.

Replay the segment several times and pronounce the sentences along with the speaker. Then read the sentences aloud. Be sure to insert appropriate pauses, and pay attention to the sentence stress.

Suggestion: Practice this with other sentences and texts. Mark the pauses, underline the stressed syllables in each rhythm group, double underline the syllable of the word that carries the main sentence stress, and read the sentences aloud.

Name _____ Datum _____ Klasse _____

Orthographie (1. Teil)

Punctuation

Listen to the following text. Fill in the missing letters and punctuation. Be sure to capitalize all words that begin a sentence.

_____ieber Peter_____ _____ie geht es dir_____ _____ch bin nun schon seit zwei Wochen in

Dallas_____ _____ch wohne bei meinem Freund Kevin_____ _____ir sind jeden Tag mit dem Auto

unterwegs_____ _____enn es gibt hier so viel zu sehen_____ _____eider muss ich schon am Sonntag

zurück nach Wien_____ _____nd du_____ _____ann sehen wir uns wieder_____ _____eine Karin

Aussprache (2. Teil)

Diphthongs

Three diphthongs occur (combinations of two vowel sounds in one syllable) in German: [aɛ], spelled <ei, ai, ey, ay>; [aɔ], spelled <au>; and [ɔø], spelled <eu, äu>. They roughly correspond to English <i> (*sight*), <ou> (*house*), and <oy> (*boy*).

A. Listen, but do not repeat.

1. heute: Freitag, der 9. Mai
2. Paul: um neun aufstehen
3. fleißig sein
4. im Haus sauber machen
5. aufräumen
6. zeichnen, schreiben, geigen
7. um drei zu Heiner ins Krankenhaus
8. in Eile sein

Replay the segment and repeat the word groups after the speaker. Pay close attention to lip rounding in the diphthongs <au> and <eu/äu>.

B. Create sentences out of the word groups in **Übung A.** Write them down, then read them aloud.

1. _____
2. _____
3. _____
4. _____
5. _____
6. _____
7. _____
8. _____

C. Listen and fill in the missing diphthongs in the following geographic names.

1. (die) Schw_____z

2. Österr_____ch

3. D_____tschland

4. St_____ermark

5. B_____ern

6. B_____r_____th

7. _____gsburg

8. K_____sersl_____tern

9. H_____delberg

10. Gr_____bünden

11. N_____enburg

12. Pass_____

Replay the segment and repeat the words after the speaker.

D. Now organize the geographic names in **Übung C,** according to the following three diphthongs. Note: Some names may belong in more than one column.

[aȩ]	[aʊ]	[ɔø]

Check your answers in the answer key. Replay the segment for **Übung C,** several times if necessary, and repeat the words after the speaker. Then read the names in each of the columns.

Do you know all these geographic names? If not, locate them on the map in the front of your textbook.

Orthographie (2. Teil)

A. Listen, and write only the words with the diphthong **ei.**

1. _____

2. _____

3. _____

4. _____

5. _____

6. _____

B. Listen, and write only the words with the diphthong **eu.**

1. _____

2. _____

3. _____

4. _____

5. _____

6. _____

C. Listen, and write only the words with the diphthong **äu**.

1. _____   3. _____

2. _____   4. _____

D. Listen, and write only the words with the diphthong **au**.

1. _____   4. _____

2. _____   5. _____

3. _____   6. _____

KULTURECKE

• •

A. **Deutschland, Österreich und die Schweiz.** Ergänzen Sie die Tabelle mit den fehlenden Informationen.

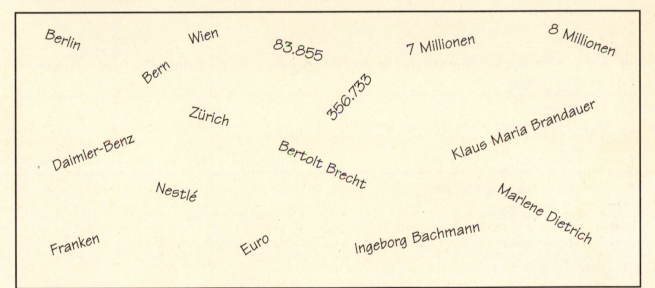

	Deutschland (D)	Österreich (A)	Schweiz (CH)
Hauptstadt		Wien	
Einwohner	80 Millionen		
Größe in km²			41.293
Währung	Euro		
größte Stadt	Berlin		
größte Firma		Austrian Industries	
Schriftsteller(in)			Max Frisch
Schauspieler(in)			Bruno Ganz

B. Wer weiß—gewinnt! Lesen Sie die Graphik auf der folgenden Seite und markieren Sie die richtigen Antworten.

1. Das Schuljahr in Deutschland dauert _____ des nächsten Jahres.

    a. von August bis Juni oder Juli   c. von Oktober bis August

    b. von August bis Mai   d. von Oktober bis Juli oder August

2. Es gibt _____ im Jahr Zeugnisse.

    a. einmal   b. zweimal   c. dreimal   d. viermal

3. Die beste Note in Deutschland ist _____.

    a. die Eins   b. die Sechs   c. das A   d. das F

4. Wenn man _____ hat bleibt man stizen.

    a. eine Fünf und zwei Sechsen   c. eine Fünf oder zwei Sechsen

    b. zwei Fünfen und eine Sechs   d. zwei Fünfen oder keine Sechs

5. In Deutschland regeln die Jugendschutzgesetze, in welchem Alter _____ und Jugendliche etwas dürfen.

    a. Jungen   b. Enkel   c. Kinder   d. Mädchen

6. Mit _____ darf man heiraten, wenn es die Eltern erlauben und der Partner/die Partnerin über 18 ist.

    a. 14   b. 16   c. 17   d. 15

7. Ingeborg Bachmann studierte _____ in Innsbruck, Graz und Wien.

    a. Philologie   b. Politologie   c. Philosophie   d. Pharmazie

8. Sie ist sehr bekannt, weil sie _____.

    a. Opern komponierte   c. Kochbücher schrieb

    b. Klavier spielte   d. Gedichte, Hörspiele und Kurzgeschichten schrieb

9. Klagenfurt ist die Hauptstadt _____.

    a. Tirols   b. Kärntens   c. der Steiermark   d. des Burgenlandes

10. Klagenfurt liegt am _____.

    a. Wörther See   b. Bodensee   c. Gardasee   d. Chiemsee

FERIENKALENDER
Sommerferienregelung 2000 bis 2002 in Deutschland

Land	2000	2001	2002
Baden-Württemberg	29.07.–09.09.	26.07.–08.09.	25.07.–07.09.
Bayern	27.07.–11.09.	26.07.–10.09.	01.08.–16.09.
Berlin	20.07.–30.08.	19.07.–29.08.	04.07.–14.08.
Brandenburg	20.07.–30.08.	19.07.–29.08.	04.07.–14.08.
Bremen	13.07.–23.08.	21.06.–03.08.	20.06.–31.07.
Hamburg	20.07.–30.08.	19.07.–29.08.	04.07.–14.08.
Hessen	22.06.–04.08.	21.06.–03.08.	27.06.–09.08.
Mecklenburg-Vorpommern	20.07.–30.08.	19.07.–29.08.	04.07.–14.08.
Niedersachsen	13.07.–23.08.	28.06.–08.08.	20.06.–31.07.
Nordrhein-Westfalen	29.06.–09.08.	05.07.–15.08.	18.07.–28.08.
Rheinland-Pfalz	22.06.–02.08.	28.06.–08.08.	04.07.–14.08.
Saarland	22.06.–02.08.	28.06.–08.08.	04.07.–14.08.
Sachsen	13.07.–23.08.	28.06.–08.08.	20.06.–31.07.
Sachsen-Anhalt	13.07.–23.08.	28.06.–08.08.	20.06.–31.07.
Schleswig-Holstein	20.07.–30.08.	19.07.–29.08.	04.07.–14.08.
Thüringen	13.07.–23.08.	28.06.–08.08.	20.06.–31.07.

Für die Richtigkeit dieser Angaben wird keine Gewähr übernommen!

AUFSATZ-TRAINING

• •

A. Hans Ruf muss fleißiger arbeiten. Was gehört zusammen?

1. _____ Hans bekommt schlechte Noten,
2. _____ Er muss seine Noten verbessern,
3. _____ Er darf abends nicht fernsehen,
4. _____ Er darf nicht mehr mit seinem Freund Ernst spielen,
5. _____ Er ist aber nicht deprimiert,

a. wenn er seine Hausaufgaben nicht fertig gemacht hat.
b. weil er nicht genug arbeitet.
c. weil sein Vater wütend ist.
d. weil die Ferien bald kommen.
e. weil Ernst frech ist und auch schlechte Noten hat.

B. Stellen Sie sich vor: Ein guter Freund/Eine gute Freundin bekommt schlechte Noten. Was raten Sie ihm/ihr?

NÜTZLICHE AUSDRÜCKE

wollen   weil
dürfen   wenn
müssen   aber
können   oder
                 und

MODELL: Anna, du musst bessere Noten bekommen, wenn du Professorin werden willst. Heute abend . . . , weil du morgen eine Biologieprüfung hast. Du darfst nicht . . . , weil . . .

_____

_____

_____

_____

_____

_____

Ereignisse und Erinnerungen

KAPITEL **4**

TAGESABLAUF

••

Schriftliche Aktivitäten

A. Kreuzworträtsel: Das Perfekt. Tragen Sie die Partizipien von den folgenden Verben ein.

➔ Lesen Sie Grammatik 4.1, „Talking about the past: the perfect tense" und Grammatik 4.2, „Strong and weak past participles"!

WAAGERECHT

1. schlafen
2. arbeiten
3. nehmen
4. trinken

SENKRECHT

1. spielen
2. essen
3. kochen
4. sehen
5. bekommen

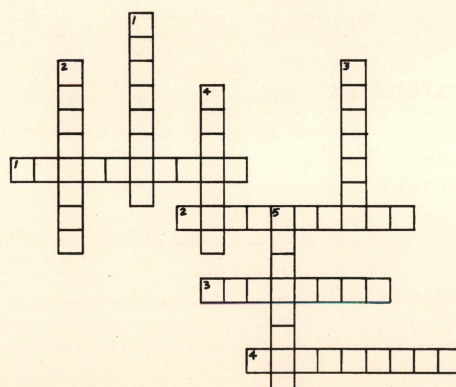

B. Sofie und Willi sind ins Kino gegangen. Was ist logisch? Setzen Sie die fehlenden Partizipien ein. Verwenden Sie die folgenden Wörter.

essen   gehen   sehen
finden   schlafen   spazieren gehen

Sofie ist gestern Abend mit Willi ins Kino _____.[1] Sie haben den Film „Drakula"

_____.[2] Nach dem Film haben Sofie und Willi ein Eis _____,[3] und

sie sind durch die Stadt _____.[4] Sofie hat „Drakula" sehr unheimlich

_____;[5] sie hat die ganze Nacht nicht _____.[6]

C. Ihr Tagesablauf. Schreiben Sie eine Liste: Was haben Sie heute morgen gemacht?

NÜTZLICHE AUSDRÜCKE

schlafen	frühstücken	Kaffee trinken
aufstehen	Gymnastik machen	in einen Kurs gehen
duschen	Tasche packen	in einem Kurs schlafen
Haare waschen	den Bus nehmen	?
	zur Uni fahren	

MODELLE: Ich habe heute bis 8 Uhr geschlafen.

                 Ich bin um halb zehn zur Uni gefahren.

1. _____
2. _____
3. _____
4. _____
5. _____

Hörverständnis

A. Dialog aus dem Text: Das Fest. Silvia und Jürgen sitzen in der Mensa und essen zu Mittag.

Ergänzen Sie den Dialog. Was sagt Jürgen?

SILVIA: Ich bin furchtbar müde.

JÜRGEN: _____

SILVIA: Ja. Ich bin heute früh erst um vier Uhr nach Hause gekommen.

JÜRGEN: _____

SILVIA: Auf einem Fest.

JÜRGEN: _____

SILVIA: Ja, ich habe ein paar alte Freunde getroffen und wir haben uns sehr gut unterhalten.

JÜRGEN: _____

B. Jutta hatte einen schweren Tag. Jutta ruft gerade ihre Freundin Angelika an. Der Tag war nicht leicht für Jutta.

NEUE VOKABELN

blöd   *stupid*
das Klassenfest, -   *class party*
versprechen (verspricht), versprochen   *to promise*

Wer ist es?

1. _____ Sie telefoniert mit Angelika.

2. _____ Sie ist wütend, weil Jutta die Hausaufgaben nicht gemacht hat.

3. _____ Er ist wütend, weil Jutta gestern Abend im Kino war.

4. _____ Er hat Juttas Shampoo benutzt.

5. _____ Er hat nicht angerufen.

6. _____ Er hat schon zweimal angerufen.

7. _____ Sie hat Billy versprochen, mit ihm zum Klassenfest zu gehen.

8. _____ Sie hat Juttas neuen Pullover ruiniert.

a. Jutta
b. die Katze
c. Juttas Bruder Hans
d. Juttas Freund Billy
e. Juttas Mutter
f. der dicke, schüchterne Junge aus dem Tanzkurs
g. Juttas Vater
h. Jutta

C. Stefan weiß mehr, als er glaubt. Stefan ist im Büro von Frau Schulz.

Was hat Stefan gemacht? Kreuzen Sie an.

1. ☐ Stefan hat das Kapitel im Deutschbuch verstanden.

2. ☐ Stefan hat das Kapitel gelesen.

3. ☐ Stefan hat die Übungen gemacht.

4. ☐ Er hat Physikaufgaben gemacht und einen Roman gelesen.

5. ☐ Stefan hat zum Geburtstag eine Katze bekommen.

6. ☐ Stefan hat als Kind seine Großeltern besucht.

7. ☐ Stefan benutzt das Perfekt falsch.

ERLEBNISSE ANDERER PERSONEN

Schriftliche Aktivitäten

A. Erlebnisse. Haben Sie diese Dinge als Kind oft, selten oder nie gemacht?

MODELLE: Hausaufgaben machen. → Ich habe nie meine Hausaufgaben gemacht.
Fußball spielen → Ich habe oft Fußball gespielt.
Karten spielen → Ich habe selten Karten gespielt.

1. Fahrrad fahren _____

2. spazieren gehen _____

3. Eis essen _____

4. ins Kino gehen _____

5. Tennis spielen _____

6. Bier trinken _____

7. vor dem Fernseher sitzen _____

8. im Zelt schlafen _____

9. schwimmen _____

10. Wäsche waschen _____

B. Was haben Sie gemacht, als Sie in die Oberschule gingen? Schreiben Sie ganze Sätze.

NÜTZLICHE AUSDRÜCKE

vor der Schule	nach der Schule	in den Ferien
in der Schule	morgens	am Wochenende
in den Pausen	auf Partys	?

MODELLE: In der Schule → In der Schule **habe** ich immer **geschlafen**.
Morgens → Morgens **habe** ich nie **gefrühstückt**.

1. _____

2. _____

3. _____

4. _____

5. _____

Name _____   Datum _____   Klasse _____

Hörverständnis

A. Dialog aus dem Text: Hausaufgaben für Deutsch. Heute ist Montag. Auf dem Schulhof[1] des Albertus-Magnus-Gymnasiums sprechen Jens, Jutta und ihre Freundin Angelika übers Wochenende.

Was haben Jutta und Angelika übers Wochenende gemacht?	Was haben Jutta und Angelika übers Wochenende *nicht* gemacht?

[1]schoolyard

B. Bildgeschichte: Richards Wochenende.

1. Setzen Sie bitte die Partizipien ein. Hier sind die Infinitive, allerdings[1] nicht in der richtigen Reihenfolge[2]: aufstehen, duschen, essen, fahren (2x), fernsehen, frühstücken, gehen, legen, nehmen, parken, schwimmen, spielen, treffen, trinken.

   a. Richard ist um halb neun _____.

   b. Er hat _____.

   c. Er hat _____.

   d. Er hat seinen Rucksack _____.

   e. Er ist zum Strand _____.

   f. Er hat am Strand _____.

   g. Er hat Freunde _____.

   h. Er ist ins Wasser _____.

   i. Er ist _____.

   j. Er hat Eis _____.

   k. Er hat Frisbee _____.

   l. Er hat eine Limo _____.

   m. Er hat in der Sonne _____.

   n. Er ist nach Hause _____.

   o. Er hat _____.

2. Was haben Sie gemacht, als Sie das letzte Mal am Strand waren?

   a. _____

   b. _____

   c. _____

   d. _____

   e. _____

   f. _____

[1]but, however, certainly
[2]order

C. Erlebnisse. Es ist Montagmorgen in Regensburg und Melanie Staiger spricht mit Jochen, einem anderen Studenten.

NEUE VOKABELN
Du Ärmster! / Du Ärmste!   *You poor thing!*
das Referat, -e   *class presentation*

Was haben sie gesagt?

1. MELANIE: Ich _____ am Samstag mit ein paar Freunden zum Waldsee

    _____ .

2. MELANIE: Wir sind viel _____ . Wir haben viel _____ und

    _____ .

3. JOCHEN: Ich _____ leider das ganze Wochenende _____ .

4. JOCHEN: Am Samstag habe ich zuerst _____ und dann habe ich an einem Referat

    für Kunstgeschichte _____ .

5. JOCHEN: Am Sonntag _____ ich für meinen Französischkurs _____

    und dann das Referat fertig_____ .

Richtig oder falsch?

1. _____ Melanies Wochenende war schön.

2. _____ Jochen muss noch ein Geschichtsreferat machen.

3. _____ Melanie hat ihr Referat schon fertig gemacht.

Was haben Sie am Wochenende gemacht?

_____

_____

_____

GEBURTSTAGE UND JAHRESTAGE

Schriftliche Aktivitäten

Geburtsdaten. Schreiben Sie die Geburtsdaten dieser Personen.

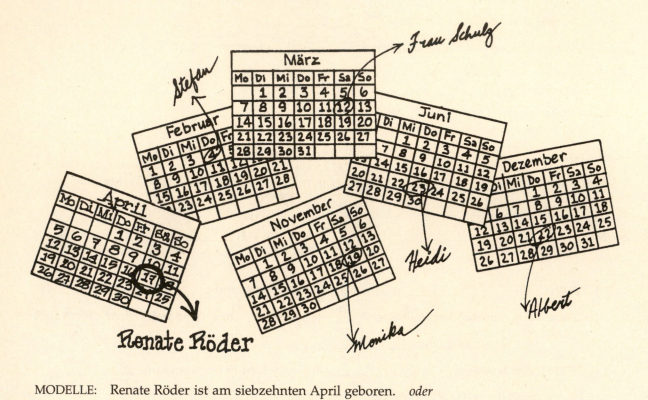

MODELLE: Renate Röder ist am siebzehnten April geboren. *oder*
Renate Röder hat am siebzehnten April Geburtstag.

→ Lesen Sie Grammatik 4.3, „Dates and ordinal numbers" und Grammatik 4.4, „Prepositions of time: **um, am, im**"!

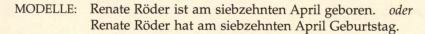

1. _____

2. _____

3. _____

4. _____

5. _____

6. Wann sind Sie geboren? _____

Hörverständnis

A. Dialog aus dem Text: Welcher Tag ist heute? Marta und Sofie sitzen im Café.

Beantworten Sie die Fragen!

1. Wann hat Willi Geburtstag? _____

2. Wann hat Christian Geburtstag? _____

3. Hat Sofie schon ein Geschenk für Willi? _____

B. Ein Informationsspiel. Es ist Dienstagabend. Ernst Wagner und sein Vater machen ein Spiel.

NEUE VOKABELN
die Röntgenstrahlen *X rays*
die Glühbirne, -n *light bulb*

Setzen Sie die fehlenden Informationen ein.

Wer?	Was?	Wann?
	das Auto	*1893*
	Röntgenstrahlen	
	ins Bett gehen	

EREIGNISSE

. . . .

Schriftliche Aktivitäten

A. Eine Kurzreise. Ergänzen Sie **um, am, im, in** oder **-**.

Meine Freundin hat mir _____[1] 1996 zu meinem Geburtstag eine Kurzreise nach München geschenkt.

_____[2] 15. Juli, an meinem Geburtstag also, sind wir _____[3] 7 Uhr mit dem Taxi zum Flughafen

gefahren. Das Flugzeug ist _____[4] 8 Uhr 15 von Düsseldorf abgeflogen, und der Flug hat nur eine

Stunde gedauert. _____[5] Vormittag sind wir durch die Stadt gegangen und haben uns alles angesehen.

Es war heiß, denn _____[6] Sommer ist das Wetter in München immer schön. _____[7] 2 Uhr haben wir in

einem typisch bayrischen Restaurant mit Biergarten zu Mittag gegessen. _____[8] Nachmittag sind wir

dann in die Neue und die Alte Pinakothek gegangen. Das sind zwei große Museen in München.

Danach, _____[9] frühen Abend, haben wir auf der Leopoldstraße in einem Café gesessen und Wein

getrunken. Später haben wir in einem italienischen Restaurant zu Abend gegessen. Wir hatten genug

Zeit, denn unser Flug war erst _____[10] Mitternacht. Mitten _____[11] der Nacht waren wir wieder zu

Hause. Es war so schön, dass ich ihr _____[12] September, an ihrem Geburtstag, eine Kurzreise für einen

Tag nach Hamburg schenke.

B. Was haben Sie schon mal gemacht? Was ist Ihnen schon mal passiert? Schreiben Sie 10 Sätze.

→ Lesen Sie Grammatik 4.5, „Past participles without **ge-** prefix"!

   MODELL: Ihr Fahrrad reparieren → Ich habe schon mal mein Fahrrad repariert.

 1. Ihr Fahrrad (Auto) reparieren

   _____

 2. eine Stunde (länger als eine Stunde) telefonieren

   _____

 3. ein Schloss (eine schöne Landschaft) fotografieren

   _____

 4. guten Wein (gute Äpfel, gutes Bier) probieren

   _____

 5. eine gute Note (schlechte Note) bekommen

   _____

 6. viel Geld (wenig Geld) verdienen

   _____

7. eine Prüfung (eine Verabredung) verschlafen

_____

8. eine Verabredung (einen Termin) vergessen

_____

9. eine Ausrede (eine Geschichte) erfinden

_____

10. ein Märchen (eine lustige Geschichte) erzählen

_____

Hörverständnis

A. Rollenspiel: Das Studentenleben.

S1: Sie sind Reporter/Reporterin von einer Unizeitung in Österreich und machen ein Interview zum Thema: Studentenleben in Nordamerika. Fragen Sie, was Ihr Partner/Ihre Partnerin gestern alles gemacht hat: am Vormittag, am Mittag, am Nachmittag und am Abend.

S2: Sie sind Student/Studentin an einer Uni in Nordamerika. Ein Reporter/Eine Reporterin aus Österreich fragt Sie viel, und Sie antworten gern. Sie wollen aber auch wissen, was der Reporter/die Reporterin gestern alles gemacht hat: am Vormittag, am Mittag, am Nachmittag und am Abend.

WÄHREND DES HÖRENS

1. Wie beginnt die Reporterin das Interview? Was sagt sie genau?

_____

_____

2. Welche Fragen stellt sie?

   a. _____

   b. _____

   c. _____

   d. _____

NACH DEM HÖREN

3. Welche Fragen könnte man noch stellen?

   a. _____

   b. _____

   c. _____

   d. _____

4. Beantworten Sie bitte alle Fragen: die Fragen der Reporterin (#2) und Ihre Fragen (#3)!

a. _____

b. _____

c. _____

d. _____

e. _____

f. _____

g. _____

h. _____

B. **Ein schöner Urlaub.** Melanie Staiger beschreibt ihren letzten Sommerurlaub.

Richtig oder falsch? Korrigieren Sie die falschen Sätze.

1. _____ Melanie hat im Sommer gearbeitet. _____

2. _____ Melanie ist im Sommer nach Amerika geflogen. _____

3. _____ Melanie hat oft Freunde besucht. _____

4. _____ Melanie hat mit ihren Freunden manchmal gekocht. _____

5. _____ Melanie hat viele Romane gelesen. _____

AUSSPRACHE UND ORTHOGRAPHIE

··

Aussprache (1. Teil)

Word Stress in Compound Words

In **Einführung B,** we learned about stress in simple, non-compound words. In this chapter, we focus on stress in compound words. In compounds, it is important to stress the correct syllable. Remember that stressed syllables are clearer, louder, and formed with more muscle tension than unstressed syllables, which are often greatly reduced. Stressed short vowels, therefore, must not be lengthened.

COMPOUND VERBS
In German, verbs often have prefixes. If the prefixes are inseparable, the verb stem carries the word stress. If the prefixes are separable, the prefix carries the primary word stress.

A. Listen to the following verbs and organize them in the table according to stress.

ansehen   erzählen
verstehen   übersetzen
anziehen   mitbringen
unterschreiben   aussehen
entdecken   beginnen
einsteigen   anfangen

Separable Prefix (Prefix Stressed)	Inseparable Prefix (Verb Stem Stressed)

Check your answers in the answer key. Now replay the segment and repeat the words after the speaker. Then read the words aloud and tap on your table when you say the stressed syllable in each word.

B. Read the nouns that are derived from the verbs. Then give the infinitive and the third-person plural (**sie**) form for each verb.

Derived Noun	Verb	Third-Person Plural
(der) Anfang	*anfangen*	*sie fangen an*
(die) Bezahlung		
(die) Vorlesung		
(die) Einladung		
(die) Unterschrift		
(der) Einkauf		
(die) Übersetzung		
(der) Anzug		
(die) Beschreibung		
(der) Beginn		

Listen to the answers and mark all the stressed vowels (__ = long stressed vowel, . = short stressed vowel).

Now read the nouns, along with their definite article, and the verbs in the infinitive and third-person plural forms. As you do so, tap on your table when you pronounce the stressed syllables.

COMPOUND NOUNS

C. Create compound nouns, using the elements provided. Watch out for word order. Be sure to give the correct definite article.

1. Tennis – Schläger _____

2. Telefon – Auto _____

3. Ball – Fuß _____

4. Motor – Rad _____

5. Wörter – Buch _____

6. Uhr – Arm – Band _____

7. Kamera – Video _____

8. Kurs – Sommer _____

9. Studenten – Leben _____

D. Listen to the compound words, making any necessary corrections.

- Then replay the segment and mark all stressed vowels (__ = long stressed vowel, . = short stressed vowel).
- Replay the segment a third time, and pronounce the words after the speaker.
- Now read the compound nouns aloud and, as you pronounce each stressed syllable, tap on your table.

Orthographie (1. Teil)

One or More Words?

Listen, and complete the missing words.

1. die _____

2. das _____

3. zusammen _____

4. das _____

5. wir fahren _____

6. wir fahren _____ Wien

7. noch _____ bitte

8. das _____

9. das Buch ist _____

10. das ist _____

Check your answers in the answer key. Replay the segment, and repeat each phrase after the speaker.

Aussprache (2. Teil)

Ich- and ach-Sounds

There are several sounds for the letters <ch>:

1. a harsher one called the **ach**-sound, produced in the back of the mouth, and

2. a softer one called the **ich**-sound, which is produced in the front of the mouth.

These two sounds will be the focus here.
    At the beginning of a word, the letters <ch> are pronounced:

- as [k] (as in **charakteristisch, Chemnitz**),
- as [ʃ] (as in **Chef, Chance**), and
- as [tʃ] (as in **Checkliste, Chile**)

A. Listen to the following words, and organize them in the table according to their sound.

Woche	Buch
wöchentlich	Bücher
Fach	Bauch
Fächer	Bäuche
sprechen	richtig
Sprache	leicht

ach-Sounds	ich-Sounds

Replay the segment, and pronounce the words after the speaker. Now write six sentences, using two of these words in each sentence. After you write your sentences down, read them aloud.

1. _____

2. _____

3. _____

4. _____

5. _____

6. _____

What are the rules for the pronunciation of **ch**?

ach-sounds: after _____

ich-sounds: after all other _____

B. Listen to the following adjectives and nouns. Underline all **ich**-sounds.

1. wichtig

2. langweilig

3. billig

4. lustig

5. Bücher

6. Gedichte

7. Geschichten

8. Gespräche

Combine as many adjectives and nouns from this group as you can.

1. *langweilige Gespräche* _____

2. _____

3. _____

4. _____

Read your phrases aloud. Pay close attention to the pronunciation of **-ig,** which is pronounced as an **ich**-sound when it is at the end of a word but as [g] when followed by a vowel (for example: **-ige**). As you pronounce the phrases, stress the noun.

Orthographie (2. Teil)

A. Listen, and write words with **ch** and/or **sch.**

1. _____ 6. _____

2. _____ 7. _____

3. _____ 8. _____

4. _____ 9. _____

5. _____ 10. _____

B. Listen, and write words with **ch** and/or **ig.**

1. _____ 6. _____

2. _____ 7. _____

3. _____ 8. _____

4. _____ 9. _____

5. _____ 10. _____

KULTURECKE

A. Universität und Studium in den USA (USA) und in Deutschland (D). Kreuzen Sie an!

	USA	D
1. Die jüngsten Studienanfänger sind 19–20 Jahre alt.	☐	☐
2. Die jüngsten Studienanfänger sind 17–18 Jahre alt.	☐	☐
3. Die privaten Universitäten gehören zu den besten des Landes.	☐	☐
4. Die Studierenden haben viel Freiheit in der Wahl ihrer Seminare und Vorlesungen.	☐	☐
5. Die Studierenden müssen viele Pflichtkurse belegen.	☐	☐
6. Es gibt keine privaten Universitäten.	☐	☐
7. Man muss teilweise sehr hohe Studiengebühren bezahlen.	☐	☐
8. Nach 4 oder 5 Jahren schließt man mit dem Bakkalaureat ab.	☐	☐
9. Nach 5–7 Jahren schließt man mit dem Magister, Diplom oder Staatsexamen ab.	☐	☐
10. Normalerweise braucht man das Abitur, wenn man studieren will.	☐	☐

B. Wer weiß—gewinnt! Markieren Sie die richtigen Antworten.

1. _____ sind die meisten Geschäfte in Deutschland geschlossen.

   a. Samstags ab 16 Uhr und sonntags

   b. Samstags und sonntags

   c. Samstags und sonntags ab 16 Uhr

   d. Samstags ab 20 Uhr und sonntags

2. Nur _____ dürfen an Sonn- und Feiertagen zwischen 7 und 17.30 Uhr öffnen.

   a. Blumenläden   b. Kaufhäuser   c. Bäckereien   d. Apotheken

3. Ein Adventskalender hat _____ Türchen.

   a. 6   b. 31   c. 25   d. 24

4. Am liebsten feiern die Deutschen Weihnachten _____.

   a. bei Freunden   b. im Urlaub   c. in der Kneipe   d. zu Hause

5. Hannah Arendt war die erste Professorin der _____.

   a. Universität Hannover   c. Princeton Universität

   b. Stanford Universität   d. Universität Heidelberg

6. Sie wurde berühmt durch ihre Arbeit über _____.

   a. den Lebenszyklus der Delfine   c. totalitäre Regime im 20. Jahrhundert

   b. die italienische Frührenaissance   d. die Emanzipation der Frau

7. Hannover wurde im _____ fast völlig zerstört und sehr modern wieder aufgebaut.

   a. 2. Weltkrieg   c. 1. Weltkrieg

   b. Kosovo-Krieg   d. Vietnamkrieg

8. Die CeBit ist die größte internationale Messe für _____.

   a. Tourismus   b. Architektur   c. Bücher   d. Computer

9. Jeder 4. Amerikaner hat deutsche _____.

   a. Tanten   b. Großmütter   c. Vorfahren   d. Neffen

10. Viele Amerikaner interessieren sich für _____ und reisen nach Deutschland, um Verwandte zu finden.

   a. Genforschung   b. Ahnenforschung   c. Namen   d. Geschichte

AUFSATZ-TRAINING

A. Huberts Tagesablauf!

Hubert ist um halb neun aufgestanden. Zuerst hat er geduscht, und dann hat er gefrühstückt. Um Viertel nach zehn ist er ins Seminar gegangen. Nachher hat er einen Kaffee in der Mensa getrunken. Schließlich ist er mit dem Bus nach Hause gefahren. Am Abend hat er ein bisschen fürs Studium gearbeitet, und dann ist er mit seiner Freundin ins Kino gegangen.

Was gehört zusammen?

1. _____ zuerst

2. _____ dann

3. _____ nachher

4. _____ schließlich

   a. *afterward*
   b. *finally*
   c. *first*
   d. *then*

B. Was haben Sie gestern gemacht? Schreiben Sie jetzt Ihren Tagesablauf.

NÜTZLICHE AUSDRÜCKE

zuerst	schließlich	am Abend
dann	um neun Uhr	?
nachher	um halb fünf	

_____

_____

_____

_____

_____

_____

Geld und Arbeit

KAPITEL  5

GESCHENKE UND GEFÄLLIGKEITEN

• •

Schriftliche Aktivitäten

A. Geschenke. Alle Ihre Freunde und Verwandten haben bald Geburtstag. Weil Sie nicht so viel Geld haben, können Sie nur ein paar Geschenke kaufen. Was kaufen Sie wem? Was machen Sie für die anderen?

→ Lesen Sie Grammatik 5.1, „Dative case: articles and possessive adjectives"!

LEUTE	DINGE	VERBEN
Mutter, Vater, Oma, Opa, Tante, Onkel, Vetter, Kusine, Freund(in), Schwester, Bruder, Professor(in), Sohn, Tochter, Mitstudent(in), ?	Brief (*m.*), Buch (*n.*), CD (*f.*), Hausaufgaben (*pl.*), Kette (*f.*), Küche (*f.*), Kuchen (*m.*), Pizza (*f.*), Schuhe (*pl.*), Suppe (*f.*), Witz (*m.*), Zelt (*n.*), ?	backen, erklären, geben, kaufen, kochen, leihen, machen, putzen, schenken, schreiben, tun, verkaufen, ?

MODELLE: Meiner Tante schenke ich eine Kette.

Meinem Sohn backe ich einen Kuchen.

1. _____
2. _____
3. _____
4. _____
5. _____
6. _____
7. _____
8. _____

B. Wer, wen oder wem? Sie sprechen mit einem Freund im Deutschkurs, aber Sie können ihn nicht verstehen. Sie wollen wissen, von wem er spricht. Fragen Sie nach dem unterstrichenen Teil.

→ Lesen Sie Grammatik 5.2, „Question pronouns: **wer, wen, wem**"!

MODELLE: IHR FREUND: Ich habe <u>unserem Professor</u> gestern einen Apfel gegeben.
SIE: **Wem** hast du einen Apfel gegeben?

IHR FREUND: Unserem Professor. <u>Heidi</u> hat ihm auch einen Apfel gegeben.
SIE: **Wer** hat ihm auch einen Apfel gegeben?

1. IHR FREUND: Ich habe gestern mit meiner Familie <u>meine Tante und meinen Onkel</u> besucht.

   SIE: _____

2. IHR FREUND: Meine Tante und meinen Onkel. Meine Tante hat <u>meiner Schwester</u> ein Buch gegeben.

   SIE: _____

3. IHR FREUND: Meiner Schwester. <u>Ich</u> habe meiner Tante Witze erzählt.

   SIE: _____

4. IHR FREUND: Ich! Meine Tante hat <u>mich</u> nicht hören können.

   SIE: _____

5. IHR FREUND: Mich!

   SIE: **Ich** kann dich auch nicht hören! Vielleicht solltest du lauter sprechen!

Hörverständnis

A. Bildgeschichte: Josef kauft Weihnachtsgeschenke. Morgen ist Weihnachten und Josef hat noch keine Geschenke.

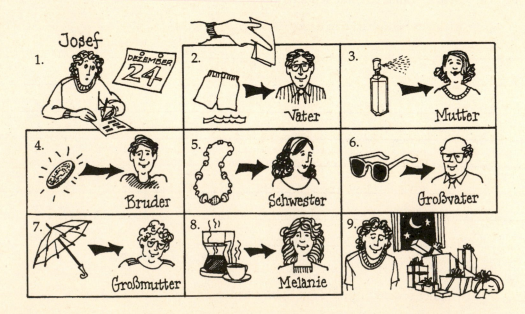

1. Wem kauft Josef diese Geschenke? Ergänzen Sie bitte den Text.

   a. Josef macht sich eine Liste und geht einkaufen.

   b. Er kauft _____ eine Badehose.

   c. Er kauft _____ Parfüm.

   d. Er kauft _____ eine Silbermünze.

   e. Er kauft _____ eine Halskette.

   f. Er kauft _____ eine Sonnenbrille.

   g. Er kauft _____ einen Regenschirm.

   h. Er kauft _____ eine Kaffeemaschine.

   i. Es ist 6 Uhr abends und Josef hat alles, was er braucht.

2. Und Sie? Schreiben Sie auf, wem Sie in letzter Zeit etwas geschenkt haben und was Sie dieser Person geschenkt haben.

   a. _____

   b. _____

   c. _____

   d. _____

   e. _____

B. Geschenke. Herr und Frau Wagner sind im Kaufhaus und überlegen, was für Weihnachtsgeschenke sie kaufen können.

NEUE VOKABELN
der Krimi, -s *crime story*

Richtig oder falsch?

1. _____ Herr und Frau Wagner kaufen ihrer Tochter Andrea ein Fahrrad.

2. _____ Sie kaufen ihrer Tochter Paula eine Puppe.

3. _____ Herr Wagner findet die Puppe sehr schön.

4. _____ Die Wagners haben Paula schon zum Geburtstag eine Puppe geschenkt.

5. _____ Frau Wagner findet das Märchenbuch zu teuer.

6. _____ Herr und Frau Wagner wollen mit den Kindern Fußball spielen.

7. _____ Frau Wagner schenkt ihrer Mutter einen Pullover.

8. _____ Sie wollen Frau Wagners Vater ein Buch schenken.

C. Gefälligkeiten. Jürgen fährt mit Silvia zum Skifahren in die Alpen. Er bittet Claudia, eine andere Studentin in seiner Wohngemeinschaft,[1] um Gefälligkeiten.

Was gehört zusammen?

1. _____ Jürgen fährt zum Skifahren

2. _____ Klaus hat eine Skihose,

3. _____ Jürgen gießt die Blumen

4. _____ Claudia leiht Jürgen eine Skibrille

a. einmal in der Woche.
b. aber keine Skier.
c. und Claudia gießt für ihn die Blumen.
d. die Jürgen passt.
e. weil seine Skibrille kaputt ist.
f. für Silvia.
g. weil Claudia zum Skifahren fährt.

[1]apartment house, shared flat

BERUFE

• •

Schriftliche Aktivitäten

A. Kreuzworträtsel. Setzen Sie die fehlenden Berufe ein.

WAAGERECHT

1. Er arbeitet in einem Gebäude, wo man Bücher ausleihen kann.
2. Er bringt den Fluggästen Essen.
3. Sie fliegt das Flugzeug.
4. Er arbeitet in einer Schule.

SENKRECHT

1. Er arbeitet im Supermarkt an der Kasse.
2. Sie fährt einen Bus.
3. Er pflegt kranke Menschen im Krankenhaus.
4. Er fährt Taxi.

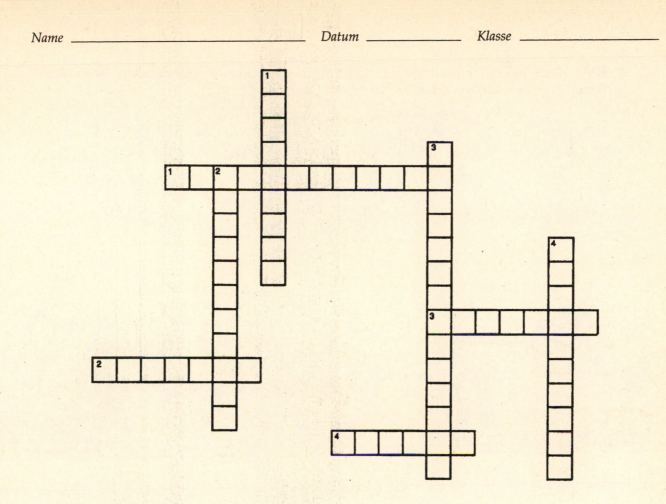

B. Was werden sie? Was werden die folgenden Personen? Schreiben Sie ganze Sätze!

→ Lesen Sie Grammatik 5.3, „Expressing change: the verb **werden**"!

Heidi

Josef   Claire

MODELLE: Heidi wird Ärztin.

Josef und Claire werden Mathematiker.

1. Ernst 2. Helga & Sigrid 3. Jutta 4. Thomas

5. Katrin 6. Silvia 7. Jens 8. Peter 9. Melanie

1. _____

2. _____

3. _____

4. _____

5. _____

6. _____

7. _____

8. _____

9. _____

Und Sie? Was werden Sie?

10. _____

Hörverständnis

A. Bildgeschichte: Was Michael Pusch schon alles gemacht hat.

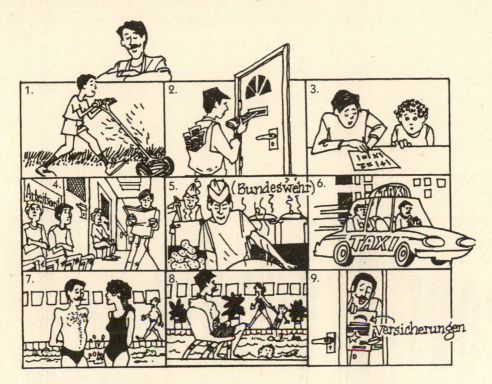

1. Ergänzen Sie die Sätze mit den folgenden Ausdrücken.

als Koch arbeiten
in einem Schwimmbad als Bademeister arbeiten
Zeitungen austragen
dem Jungen von nebenan Nachhilfe in
Mathematik geben

Maria kennen lernen
als Taxifahrer arbeiten
den Nachbarn den Rasen mähen
erstmal arbeitslos sein
Versicherungen verkaufen

a. Als Michael 10 war, _____

b. Als er 12 war, _____

c. Als er 14 war, _____

d. Als er mit der Schule fertig war, _____

e. Als er bei der Bundeswehr war, _____

f. Nach der Bundeswehr _____

g. Als er 25 war, _____

h. Damals _____

i. Später _____

2. Was haben Sie schon gemacht? Schreiben Sie auf, womit Sie Geld verdient haben und wie alt Sie waren.

MODELL: Als ich acht war, habe ich Zeitungen ausgetragen.

a. _____

b. _____

c. _____

d. _____

e. _____

B. Der neue Trend: „Kombi-Berufe".

BERUF

SPORT-ÖKONOMIN *schon mal gehört?*

NEUE VOKABELN

der Sportverein, -e *sports club*
der Sportler, - / die Sportlerin, -nen *person who participates in sports*
das Recht *law*
brutto *net*

Setzen Sie die fehlenden Wörter ein.

Interessieren Sie sich für Sport und _____[1] Technik und _____[2] oder Sprachen und Wirtschaft? Jetzt gibt es die neuen „Kombi-Ausbildungen". Hier ein Beispiel: Sport-_____[3] oder Sport-_____[4]

Es gibt in der Bundesrepublik _____[5] Millionen organisierte _____[6] und Hobbysportler. Man sucht immer mehr Sportmanager und -managerinnen, die bei Sportartikelfirmen, Sportvereinen und in _____[7]- und Fitness-Centern _____.[8] Deshalb kann man jetzt an der _____[9] Bayreuth Sport-Ökonomie _____.[10] Neben Sport stehen dort Wirtschaft, Recht und _____[11] auf dem Stundenplan. Wenn Sie Geschäftsführer bei einem großen _____[12] werden, verdienen Sie am Anfang zwischen 1750 und 2000 Euro brutto im Monat.

ARBEITSPLÄTZE

· ·

Schriftliche Aktivitäten

A. Wo macht man was? Kombinieren Sie die Verben mit den Arbeitsplätzen.

→ Lesen Sie Grammatik 5.4, „Location: **in, an, auf** + dative case"!

> **Achtung!** *Location:* **in, an, auf** + Dativ

arbeiten	in	Bank
Briefmarken kaufen	an	Bibliothek
Bücher finden	auf	Buchhandlung
ein Konto eröffnen		Büro
einkaufen		Kino
Filme sehen		Post
lesen		Schwimmbad
schwimmen		Supermarkt
studieren		Universität

MODELLE: Man kauft Briefmarken auf der Post

Man kauft im Supermarkt ein.

1. _____
2. _____
3. _____
4. _____
5. _____
6. _____
7. _____

B. Das Studium. Das Studium ist auch eine Arbeit. Aber was genau tun Studenten, wenn sie arbeiten?

1. Machen Sie eine Liste von 10 Tätigkeiten. Beispiele: Bücher lesen, mit dem Professor sprechen.
2. Bewerten Sie die Tätigkeiten. Schreiben Sie eine 1 neben die Tätigkeit, die Sie am meisten mögen, eine 2 neben die Tätigkeit, die sie am zweitmeisten mögen, usw.

a. ____ _____   f. ____ _____
b. ____ _____   g. ____ _____
c. ____ _____   h. ____ _____
d. ____ _____   i. ____ _____
e. ____ _____   j. ____ _____

Hörverständnis

A. Rollenspiel: Bei der Berufsberatung.

S1: Sie arbeiten bei der Berufsberatung. Ein Student / Eine Studentin kommt in Ihre Sprechstunde. Stellen Sie ihm/ihr Fragen zu diesen Themen: Schulbildung, Interessen und Hobbys, besondere Kenntnisse, Lieblingsfächer.

S2: Sie sind Student/Studentin und gehen zur Berufsberatung, weil Sie nicht wissen, was Sie nach dem Studium machen sollen. Beantworten Sie die Fragen des Berufsberaters / der Berufsberaterin.

WÄHREND DES HÖRENS

1. Wie beginnt die Berufsberaterin das Gespräch? Was sagt sie genau?

    _____

    _____

2. Welche Fragen stellt die Berufsberaterin? Hier sind Richards Antworten. Schreiben Sie nur die Fragen auf.

    BERUFSBERATERIN: _____

    RICHARD: Jetzt im Frühling.

    BERUFSBERATERIN: _____

    RICHARD: Eigentlich nicht. Nur Geisteswissenschaften interessieren mich überhaupt nicht.

    BERUFSBERATERIN: _____

    RICHARD: Ich weiß nicht. Eigentlich habe ich erstmal genug von Büchern.

    BERUFSBERATERIN: _____

    RICHARD: In Mathematik und Naturwissenschaften bin ich ganz gut. Und ich fotografiere gern.

3. Beantworten Sie die Fragen.

    a. Was für eine Ausbildung empfiehlt die Berufsberaterin?

    _____

    b. Wie endet das Gespräch?

    _____

    _____

NACH DEM HÖREN

Schreiben Sie einen eigenen Dialog zum Thema Berufsberatung.

BERUFSBERATER(IN): _____

STUDENT(IN): _____

BERUFSBERATER(IN): _____

STUDENT(IN): _____

BERUFSBERATER(IN): _____

STUDENT(IN): _____

BERUFSBERATER(IN): _____

STUDENT(IN): _____

BERUFSBERATER(IN): _____

STUDENT(IN): _____

B. Berufe erraten. Frau Schulz und ihre Klasse machen ein Ratespiel. Ein Student / Eine Studentin sagt, *wo* er/sie arbeiten möchte, und die anderen raten, was er/sie werden will.

NEUE VOKABELN

Sie sind dran.   *It's your turn.*
das Rathaus, ¨er   *City Hall*
der Schauspieler, -   *actor*

Setzen Sie die fehlenden Informationen ein!

Student(in)	Arbeitsplatz	Beruf
Stefan	*in einer Schule*	
Heidi		
Peter		

IN DER KÜCHE

Schriftliche Aktivitäten

A. **In der Küche.** Jochen Ruf ist Schriftsteller und Hausmann. Hier ist ein Stück aus seinem neuen Roman *Kinder, Küche und ein Mann.* Setzen Sie die richtigen Wörter ein: **Backofen, Fensterbank, Geschirrspülmaschine, Herd, Küche, Küchenlampe, Kühlschrank, Schublade, Spülbecken, Wasserhahn.**

Abends kommt er noch einmal in die _____,[1] allein. Dort

sieht es wieder schrecklich aus. Die Kinder haben das schmutzige Geschirr nicht in die

_____[2] gestellt. Auf dem _____[3]

steht noch eine benutzte Pfanne. Auch die _____,[4] in der das Besteck

ist, steht offen. Im _____[5] steht ein leerer Topf, und in der

_____[6] stehen Flaschen. Der _____[7]

tropft und das _____[8] ist voll Wasser. Es ist chaotisch! Aber die

_____[9] brennt und der _____[10]

brummt leise in der Ecke, und irgendwie ist es gemütlich.

B. **Jeden Tag eine gute Tat!** Ernst hat zwei Hobbys: Er kocht gerne und er ist bei den Pfadfindern.[1] Setzen Sie die Personalpronomen ein.

→ Lesen Sie Grammatik 5.5, „Dative case: personal pronouns"!

1. Am Montag hat Ernst seine Oma besucht. Er hat _____ beim Geschirrspülen geholfen.

2. Am Dienstag war sein Freund Markus traurig. Ernst hat _____ einen Milch-Shake gemacht.

3. Am Mittwoch hatten seine Schwestern Hunger. Ernst hat _____ Spaghetti gekocht.

[1]Boy Scouts

4. Am Donnerstag hatte sein Hund einen schlechten Tag. Ernst hat _____ Hundekuchen gegeben.

5. Am Freitag hat Andrea eine Geburtstags-Party gefeiert. Ernst hat _____ eine Schokoladentorte gebacken.

6. Am Samstag war sein Vater krank. Ernst hat _____ einen Tee gekocht.

7. Am Sonntag war Pfadfindertreffen. Da hat Ernst alle seine Freunde getroffen und _____ von seinen guten Taten erzählt.

Hörverständnis

Josef Bergmanns Küche. Josef hat sehr gern Gäste und kocht sehr gern. Er beschreibt, wie seine Küche aussieht.

NEUE VOKABELN
das Gewürz, -e *spice*
der Haken, - *hook*
hintere *back*
vordere *front*

Wo ist das?

1. _____ Wo ist der Kühlschrank?

2. _____ Wo ist das Spülbecken?

3. _____ Wo sind die Messer?

4. _____ Wo sind Teller und Gläser?

5. _____ Wo hängen die Tassen?

6. _____ Wo steht der Tisch?

7. _____ Wo sitzt Peter oft?

8. _____ Wo sind die Gewürze?

a. unter dem Regal
b. im Gewürzregal
c. an dem großen Tisch
d. rechts in der hinteren Ecke
e. unter dem Fenster
f. an dem Magneten
g. in der vorderen linken Ecke
h. im Regal

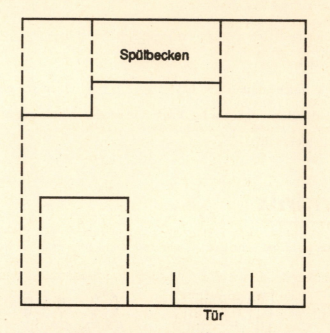

AUSSPRACHE UND ORTHOGRAPHIE

··

Aussprache (1. Teil)

Word Stress in German and Foreign Words with Ur-/ur-, Un-/un-, -ei

The prefixes **Ur-/ur-** and **Un-/un-**, as well as the ending **-ei**, are always stressed—for example: *Urlaub, Urkunde, ur*sprünglich, *Un*fall, *un*pünklich, Bäcker*ei*, Türk*ei*. In such German words, the word stress is easily recognizable. However, many rules and exceptions apply to foreign words used in German: The stress depends on the original pronunciation of the word and on the degree to which the word has been Germanized.

Often foreign words have the stress on the last syllable, especially when the last vowel is long—for example, in:

* words ending in **-ion**, such as **Na*tion***;
* words ending in **-al**, such as **natio*nal***;
* words ending in **-ös**, such as **ner*vös***;
* words ending in **-ie**, such as **Fotogra*fie***;
* words ending in **-ör** or **-eur**, such as **Fris*eur*** or **Fri*sör***;
* words ending in **-ik**, (when <i> is long), such as **Mu*sik*.***

---

*When <i> is short, often the stress falls on the previous syllable—for example: **Infor*ma*tik**.

The second to last syllable is stressed:

- in words ending in **-ieren**, such as **stu*die*ren;***
- in words ending in **-or**, such as *Doktor*.†

A. Listen, and complete the prefixes in **Ur-/ur-** or **Un-/un-**.

1. Eine _____kunde für _____gewöhnliche Leistungen.

2. _____laub in _____garn.

3. Das Wetter ist sehr _____freundlich—ein richtiges _____wetter.

4. Ein _____glücklicher _____fall.

5. Ein _____sympathischer _____bekannter.

6. Auch Paul ist _____geduldig und _____höflich.

Check your answers in the answer key. Replay the segment, and repeat the sentences after the speaker. Be sure to stress the prefixes.

Some words that are similar in German and English have different word stress.

B. Listen to the German words and indicate the stressed vowel (__ = long, . = short).

1. Adresse (   )
2. Zigarette (   )
3. robust (   )
4. Idee (   )
5. defekt (   )

6. Aristokrat (   )
7. Akzent (   )
8. Person (   )
9. Kontakt (   )
10. Romanze (   )

Replay the segment, and indicate whether the stress is the same (=) in English or different (≠).
    Replay the segment once more, and pronounce the words after the speaker. Tap on your table when you pronounce the stressed syllables.

C. Listen to the following words and organize them in the table according to whether the first, second-to-last, or last syllable is stressed.

interessieren
Polizei
Universität
Urlaub
Information
Biologie
Chemie
Unfall

Physik
Religion
Professorin
Mathematik
Professor
Cafeteria
Grammatik
Kultur

_____

*This holds true for derivations such as **Kass*ie*rer**. In other forms, the syllable with **-ie** may occur at the end of a word: **er stu*diert***.
†In the plural the stress shifts to the syllable with **-or**: **Dok*tor*en**.

Stress on First Syllable	Stress on Second-to-Last Syllable	Stress on Last Syllable

Check your answers in the answer key. Then replay the segment, and pronounce the words after the speaker.

Read the words aloud, and tap on your table as you pronounce the stressed syllables.

D. Wofür interessieren Sie sich? Create sentences using the words in **Übung C.**

MODELL: Ich interessiere mich für die Polizei.

1. _____

2. _____

3. _____

4. _____

5. _____

Orthographie (1. Teil)

Foreign Words

Listen, and write the following words.

1. _____

2. _____

3. _____

4. _____

5. _____

6. _____

7. _____

8. _____

9. _____

10. _____

Aussprache (2. Teil)

l-Sound

German has only one pronunciation of the letter <l>, which is very similar to the *l*-sound in English words such as *million* and *billion*. Concentrate on using the same sound in all German words with <l> or <ll>.

A. Listen and repeat.

lila	lange
lila Bälle	langweilig
Fußball spielen	ein Telefon
die Leute	ein Bildtelefon
viele Leute	

B. Listen and repeat.

Viele Leute spielen Fußball.
Fußbälle sind nicht lila.
Für Ulla ist Fußballspielen langweilig.
Ulli liebt Fußball.
Ulla und Ulli haben Bildtelefone.
Sie telefonieren immer sehr lange.

C. Find more words with <L, l, ll> in the chapter vocabularies of **Einführung A** and **B** and **Kapitel 1–5**, and read them aloud. Remember: All <l> are pronounced the same.

L/l (at the Beginning of a Word)	l (at the End of a Word)	ll (in the Middle of a Word)	ll (at the End of a Word)

Orthographie (2. Teil)

Listen, and write words with <l> and/or <ll>.

1. _____
2. _____
3. _____
4. _____
5. _____

6. _____
7. _____
8. _____
9. _____
10. _____

KULTURECKE

A. Ausbildung, Beruf und Ferienjob. Markieren Sie die richtigen Antworten.

1. Junge Menschen, die eine Berufsausbildung machen, nennt man _____.

   a. Azubis   b. Ausbilder   c. Schüler   d. Studenten

2. Eine Berufsausbildung dauert _____.

   a. ein Jahr   b. zwei Jahre   c. drei Jahre   d. vier Jahre

3. Die theoretische Ausbildung findet _____ statt.

   a. am Gymnasium   c. an der Berufsschule

   b. an der Universität   d. an der Realschule

4. Der Unterricht beträgt _____ Stunden pro Woche.

   a. 4–6   b. 8–10   c. 14–16   d. 18–20

5. Neben den berufsspezifischen Fächern hat man auch Fächer wie _____.

   a. Latein und Französisch   c. Musik und Sport

   b. Wirtschaft und Englisch   d. Religion und Kunst

6. Die praktische Seite des Berufs lernt man _____.

   a. in der Schule   b. auf der Straße   c. bei den Eltern   d. in einem Betrieb

7. Die Prüfung am Ende der Ausbildung nennt man _____.

   a. Diplom   b. Abitur   c. Azubiprüfung   d. Gesellenprüfung

8. Wenn man die Ausbildung erfolgreich abgeschlossen hat, ist man _____.

   a. Meister(in)   b. Praktikant(in)   c. Facharbeiter(in)   d. Lehrer(in)

9. Viele Schüler in Deutschland _____ vor oder nach der Schule, weil sie Geld verdienen wollen.

   a. schwimmen   b. joggen   c. jobben   d. reiten

10. Diese Schüler brauchen Geld für _____.

    a. Essen   c. CDs, Kino und Markenklamotten

    b. Schulbücher   d. den Schulbus

B. Wissenswertes zur deutschen Kultur. Wählen Sie die richtigen Antworten aus dem Wörterkasten.

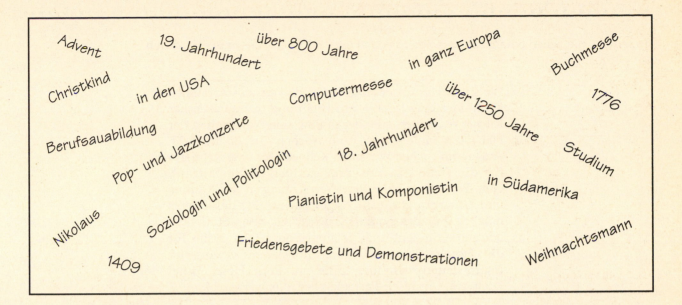

Advent · 19. Jahrhundert · über 800 Jahre · in ganz Europa · Buchmesse · Christkind · in den USA · Computermesse · über 1250 Jahre · 1776 · Berufsauabildung · Pop- und Jazzkonzerte · 18. Jahrhundert · Studium · Soziologin und Politologin · Pianistin und Komponistin · in Südamerika · Nikolaus · Friedensgebete und Demonstrationen · Weihnachtsmann · 1409

1. Wie heißen die vier Sonntage vor Weihnachten? _____

2. Wer bringt in Süddeutschland die Weihnachtsgeschenke? _____

3. Machen mehr junge Leute in Deutschland ein Studium oder eine Berufsausbildung? _____

4. In welchem Jahrhundert lebte Clara Wieck Schumann? _____

5. Welchen Beruf hatte sie? _____

6. Wo war sie durch ihre Konzertreisen besonders bekannt? _____

7. Wie alt ist die Stadt Leipzig? _____

8. Wann wurde die Universität Leipzig gegründet? _____

9. Welche Messe findet im Frühjahr in Leipzig statt? _____

10. Was fand 1989 jeden Montag in der Leipziger Nikolaikirche statt? _____

Jobsuche. Sie sehen eine Stellenanzeige für das Hotel Edelweiß. Lesen Sie sie durch.

Wir suchen für unser Hotel in Oberbayern ab sofort einen Koch oder eine Köchin mit Erfahrung in französischer Küche. Wir bieten gute Bezahlung, eine Wohnung in der Nähe des Hotels und fünf Wochen Urlaub im Jahr. Außerdem suchen wir einen Kellner oder eine Kellnerin für die Arbeit in unserem exklusiven Restaurant. Gute Bezahlung garantiert. Verpflegung in der Kantine und Unterbringung im Angestelltentrakt[a] des Hotels möglich. Für den Sommer suchen wir einen Studenten oder eine Studentin als Telefonist oder Telefonistin für die Hotelrezeption. Organisationstalent erwünscht. Interessenten schreiben bitte an: Frau Holz, Hotel Edelweiß, Garmisch-Partenkirchen, Neuer Weg 14.

1. Füllen Sie die Tabelle aus. Wenn zu einer Rubrik nichts gesagt wird, lassen Sie sie frei.

Stelle	Qualifikation	Bezahlung	Unterbringung	Sonstiges

[a]*personnel section*

2. Sie sind in Oberbayern und suchen Arbeit. Beantworten Sie für sich die folgenden Fragen. Machen Sie sich Stichpunkte.

   a. Welche Stelle der Stellenanzeige hätten Sie gern?

   _____

   b. Was gefällt Ihnen an dieser Stelle?

   _____

   _____

   _____

   _____

   c. Warum sind Sie für diese Stelle qualifiziert? Warum sollte das Hotel Sie nehmen?

   _____

   _____

   _____

   _____

3. Ein Bewerbungsbrief. Schreiben Sie einen Brief an Frau Holz, in dem Sie sich um die gewünschte Stelle bewerben. Geben Sie an, welche Stelle Sie haben möchten, warum Ihnen die Stelle gefällt und warum Sie für diese Stelle besonders gut qualifiziert sind.

Sehr geehrte Frau Holz,

Mit großem Interesse habe ich in Ihrer Stellenanzeige gelesen, dass Sie _____

_____

_____

_____

_____

_____

Über ein persönliches Gespräch würde ich mich sehr freuen.

Mit freundlichen Grüßen,

(Unterschrift) _____

Wohnen

KAPITEL 6

HAUS UND WOHNUNG

· ·

Schriftliche Aktivitäten

A. **Was ist das?** Diese Dinge finden Sie im Haus. Setzen Sie die Wörter waagerecht ein. Wie heißt das Lösungswort?

1. In ihr liegt man, wenn man badet.

2. Eine Art Veranda im ersten oder zweiten Stock.

3. In ihm bleiben Lebensmittel kühl.

4. Man benutzt ihn zum Fegen.

5. In diesem Zimmer arbeitet man.

6. In diesem Zimmer duscht oder badet man.

7. Man benutzt sie zum Wäschewaschen.

8. In diesem Zimmer schläft man.

9. In ihm backt man Kuchen, Pizza oder Brot.

10. Man benutzt ihn zum Staubaugen der Teppiche.

Wenn alles richtig ist, finden Sie hier das Lösungswort.

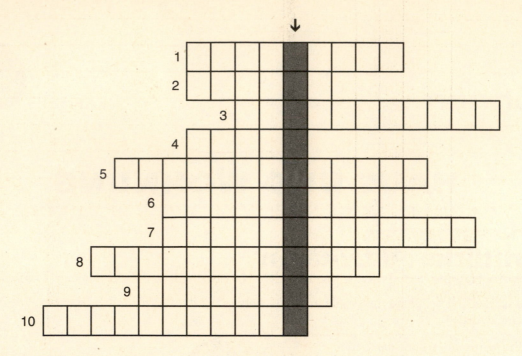

Das Lösungswort heißt: _____
Kleine Hilfe: Man sitzt dort mit Gästen oder sieht fern.

B. Vergleiche. Nennen Sie 10 Sachen, die Sie in Ihrem Haus haben (Bett, Herd, Kühlschrank, Sofa, usw.).

→ Lesen Sie Grammatik 6.1, „Making comparisons with adjectives and adverbs"!

1. _____   6. _____

2. _____   7. _____

3. _____   8. _____

4. _____   9. _____

5. _____   10. _____

Vergleichen Sie jetzt die Sachen.

NÜTZLICHE AUSDRÜCKE

alt	kalt	warm
gut	billig	schwer
groß	teuer	leicht
hoch	schön	jung
lang	hässlich	?
klein		

MODELLE: Mein Zimmer ist wärmer als mein Kühlschrank.

Mein CD-Spieler ist besser als mein Schallplattenspieler.

1. _____

2. _____

3. _____

4. _____

5. _____

6. _____

7. _____

8. _____

9. _____

10. _____

Hörverständnis

A. Ein alter Nachbar. Frau Frisch trifft einen alten Nachbarn, Herrn Übele, in einem Geschäft im Zentrum von Zürich.

NEUE VOKABELN
   das Erdgeschoss *first floor*
   der Neubau *new building*

Beantworten Sie die Fragen.

1. Warum wird Herr Übele fast verrückt? _____

2. Welche Vorteile[1] hat das Haus? _____

   _____

3. Wie alt ist das Haus? _____

4. Setzen Sie die Namen der Zimmer in den Plan ein:

[1]*advantages*

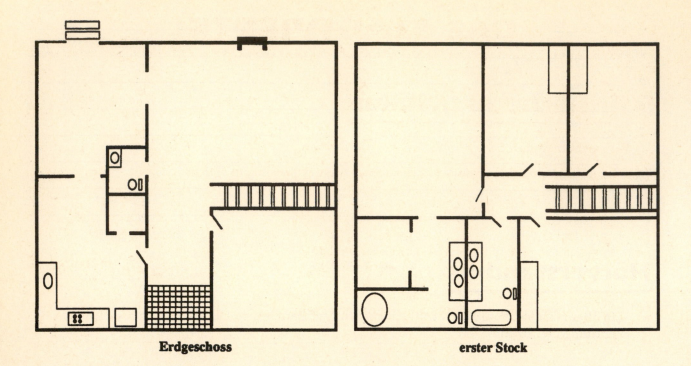

Erdgeschoss **erster Stock**

B. Alte Möbel. Herr Siebert ist bei Frau Gretter. Sie sprechen über Frau Gretters neue Möbel.

NEUE VOKABELN

    das Holz, ⸚er   *wood*
    der Stahl   *steel*
    ganz unter uns   *just between us*

Beantworten Sie die Fragen.

1. In welchem Zimmer sind Frau Gretter und Herr Siebert? _____

2. Ist der Tisch neu? _____

3. Aus welchem Material sind die Stühle in der Essecke? _____

4. Was für Möbel möchte Herr Siebert für sein Wohnzimmer, antike oder moderne? _____

5. Von wem hat Frau Gretter den Esszimmerschrank? Von wem die Stühle? _____

    _____

DAS STADTVIERTEL

• •

Schriftliche Aktivitäten

A. Wo macht man das? Schreiben Sie, wo Sie das machen.

→ Lesen Sie Grammatik 6.2, „Location vs. destination: two-way prepositions with the dative or accusative case"!

NÜTZLICHE AUSDRÜCKE

in der Apotheke	in der Fußgängerzone	an der Universität
auf dem Balkon	im Park	in der Wäscherei
im Café	im Schwimmbad	?
im Aufzug	an der Tankstelle	

MODELLE: tanzen → Ich tanze in der Disko.
fernsehen → Ich sehe im Wohnzimmer fern.

1. schwimmen _____

_____

2. einen Kaffee trinken _____

_____

3. Aspirin kaufen _____

_____

4. die Wäsche waschen _____

_____

5. tanken _____

_____

6. spazieren gehen _____

_____

7. in Vorlesungen gehen _____

_____

8. Fußball spielen _____

_____

9. Musik hören _____

_____

10. meine Freundin / meinen Freund küssen _____

_____

B. Jürgen hat heute viel zu tun. Hier ist sein Tagesablauf. Sagen Sie, wann und wohin Jürgen heute geht. Schreiben Sie ganze Sätze.

→ Lesen Sie Grammatik 6.3, „Word order: time before place" und Grammatik 6.4, „Direction: **in/auf** vs. **zu/nach**"!

9.00–12.30	auf der Bank arbeiten	16.45	tanken
13.00–13.45	schwimmen	17.00	mit Silvias Schwester zu Abend essen
14.00–16.00	eine Klausur schreiben	19.00	einen Film sehen
16.00	Bücher ausleihen	21.00	Mutti und Vati in Kassel treffen
16.20	Briefmarken kaufen		

MODELLE: Er geht um 9.00 auf die Bank.

Er geht um 13.00 ins Schwimmbad.

1. _____
2. _____
3. _____
4. _____
5. _____
6. _____
7. _____

Hörverständnis

Ein Interview mit Richard. Richard Augenthaler ist in der Stadt. Ein Mann auf der Straße will ein Interview mit ihm machen, aber er hat keine Zeit.

NEUE VOKABELN
Geld abheben   *to withdraw money*

Wohin will Richard? Bringen Sie die folgenden Zeilen in die richtige Reihenfolge.

_____ in die Reinigung

_____ zur Bank

_____ in den Supermarkt

_____ ins Kaufhaus

Was will der Mann auf der Straße wissen? _____

AUF WOHNUNGSSUCHE

• •

Schriftliche Aktivitäten

Wie wohnen Sie? Wie möchten Sie wohnen? Kreuzen Sie an.

WIE WOHNEN SIE JETZT?	WIE MÖCHTEN SIE WOHNEN?
☐ Ich wohne im Studentenwohnheim.	☐ im Studentenwohnheim
☐ Ich wohne in einem Apartmenthaus.	☐ in einem Apartmenthaus
☐ Ich wohne in einem großen Haus.	☐ in einem großen Haus
☐ Ich wohne allein.	☐ allein
☐ Ich wohne bei meinen Eltern.	☐ bei meinen Eltern
☐ Ich wohne mit Freunden zusammen.	☐ mit Freunden zusammen
☐ Ich habe ein großes Zimmer.	☐ in einem großen Zimmer
☐ Mein Zimmer ist klein.	☐ in einem kleinen Zimmer
☐ Ich habe viel Platz.	☐ mit viel Platz
☐ Ich habe wenig Platz.	☐ mit wenig Platz
☐ Meine Wohngegend ist ruhig.	☐ in einer ruhigen Wohngegend
☐ Meine Wohngegend ist laut.	☐ in einer lauten Wohngegend
☐ Ich wohne in der Stadt.	☐ in der Stadt
☐ Ich wohne auf dem Land.	☐ auf dem Land

Beschreiben Sie jetzt, wie Sie wohnen möchten.

> MODELL: Ich möchte allein in einem kleinen Zimmer wohnen. Ich brauche nur wenig Platz. Ich möchte in einer ruhigen Wohngegend wohnen. Ich möchte auf dem Land wohnen.

_____

_____

_____

_____

_____

_____

Hörverständnis

A. Dialog aus dem Text: Auf Wohnungssuche. Silvia ist auf Wohnungsuche.

Richtig oder falsch? Korrigieren Sie die falschen Sätze.

1. _____ Das Zimmer ist in Frankfurt-Nord. _____

2. _____ Das Zimmer liegt im fünften Stock. _____

3. _____ Es gibt keinen Aufzug. _____

4. _____ Das Zimmer ist nicht möbliert. _____

5. _____ Das Zimmer hat kein Bad. _____

6. _____ Silvia kommt morgen vorbei. _____

B. Rollenspiel: Zimmer zu vermieten.

S1: Sie sind Student/Studentin und suchen ein schönes großes Zimmer. Das Zimmer soll hell und ruhig sein. Sie haben nicht viel Geld und können nur bis zu 300 Euro Miete zahlen, inklusive Nebenkosten. Sie rauchen nicht und hören keine laute Musik. Fragen Sie den Vermieter/die Vermieterin, wie groß das Zimmer ist, was es kostet, ob es im Winter warm ist, ob Sie kochen dürfen und ob Ihre Freunde Sie besuchen dürfen. Sagen Sie dann, ob Sie das Zimmer mieten möchten.

S2: Sie möchten ein Zimmer in Ihrem Haus vermieten. Das Zimmer ist 25 m² groß und hat Zentralheizung. Es kostet warm 310 Euro im Monat. Es hat große Fenster und ist sehr ruhig. Das Zimmer hat keine Küche und auch kein Bad, aber der Mieter/die Mieterin darf Ihre Küche und Ihr Bad benutzen. Der Mieter/Die Mieterin darf Freunde einladen, aber sie dürfen nicht zu lange bleiben. Sie haben kleine Kinder, die früh ins Bett müssen. Fragen Sie, was der Student/die Studentin studiert, ob er/sie raucht, ob er/sie oft laute Musik hört, ob er/sie Haustiere hat, ob er/sie Möbel hat.

VOR DEM HÖREN

Was fragen Sie, wenn Sie eine Wohnung mieten wollen?

☐ _____

☐ _____

☐ _____

☐ _____

☐ _____

WÄHREND DES HÖRENS

1. Welche von Ihren Fragen gibt es auch in dem Gespräch zwischen der Hauswirtin und dem Studenten? Kreuzen Sie sie an.

2. Hören Sie das Rollenspiel noch einmal an. Schreiben Sie die Fragen, die nicht in Ihrer Liste sind, auf.

   _____

   _____

   _____

   _____

C. **Die Wohnungssuche.** „Hier ist Radio Bremen mit den Kurznachrichten. Doch zuvor noch etwas Werbung . . . "

NEUE VOKABELN

der Waldblick   *forest view*
der Hauswirt, -e / die Hauswirtin, -nen   *landlord / landlady*
erreichen   *to reach*

Setzen Sie die fehlenden Informationen ein.

1. Man kann im Apartmenthaus „Waldblick" eine Wohnung _____.

2. Die Apartments sind _____ und _____.

3. Die Apartments haben _____ Zimmer, eine _____,

   ein Bad und einen Balkon.

4. Die Küche hat einen _____, einen Kühlschrank und eine

_____.

5. Jede Wohnung hat einen _____ in der Tiefgarage und einen Keller.

HAUSARBEIT

Schriftliche Aktivitäten

Wer hat was gemacht?

1. Sagen Sie, wer in Ihrem Haushalt (Sie, Mitbewohner/Mitbewohnerin, Bruder, Schwester, Mutter, Vater, usw.) letzte Woche was gemacht hat.

→ Lesen Sie Grammatik 6.5, „Separable-prefix verbs: the present and perfect tenses"!

NÜTZLICHE AUSDRÜCKE

Staub saugen	die Wäsche waschen	den Rasen gießen
das Wohnzimmer aufräumen	den Tisch abwischen	die Blumen gießen
aufwischen	das Geschirr spülen	einkaufen
nach dem Essen aufräumen	den Rasen mähen	das Essen kochen

MODELLE: Meine Mutter hat letzte Woche das Essen gekocht.

Ich habe letzte Woche eingekauft.

a. _____

b. _____

c. _____

d. _____

e. _____

2. Was machen Sie oder Ihre Haushaltsmitglieder[1] diese Woche oder nächste Woche?

MODELLE: Ich sauge nächste Woche Staub.

Mein Sohn räumt diese Woche sein Zimmer auf.

a. _____

b. _____

c. _____

d. _____

e. _____

[1]household members

Hörverständnis

A. Bildgeschichte: Der Frühjahrsputz.

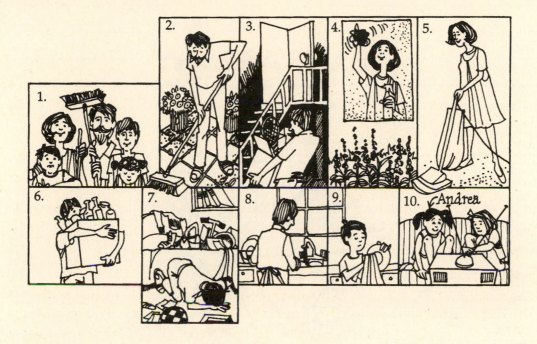

1. Was haben sie gemacht? Ergänzen Sie die Sätze mit den folgenden Ausdrücken:

   abtrocknen   die Fenster putzen
   den Keller aufräumen   das Geschirr spülen
   sein Zimmer aufräumen   im ganzen Haus Staub saugen
   die Terrasse fegen   die Flaschen wegbringen
   fernsehen

   a. Gestern war bei Wagners der große Frühjahrsputz. Alle haben geholfen.

   b. Herr Wagner hat zuerst _____.

   c. Dann hat er _____.

   d. Frau Wagner hat zuerst _____.

   e. Dann hat sie _____.

   f. Jens hat zuerst _____.

   g. Und Ernst hat zuerst _____.

   h. Dann hat Jens _____.

   i. Und Ernst hat _____.

   j. Und Andrea? Andrea war bei ihrer Freundin und hat _____.

2. Was haben Sie im letzten Monat gemacht? Schreiben Sie von diesen Hausarbeiten vier Sachen auf, die Sie im letzten Monat gemacht haben und vier, die Sie nicht gemacht haben.

Das habe ich gemacht!   Das habe ich nicht gemacht.

_____   _____

_____   _____

_____   _____

_____   _____

B. Die Hausarbeit. Rolf und Nora haben geplant, nach San Francisco zu fahren, um ins Kino zu gehen. Aber Nora hat viel zu tun. Jetzt ruft Rolf sie an.

1. Was muss Nora alles tun? Kreuzen Sie an!

    a. ☐ die Garage aufräumen   f. ☐ Auto waschen

    b. ☐ die Wäsche waschen   g. ☐ ihr Zimmer aufräumen

    c. ☐ Geschirr spülen   h. ☐ den Rasen mähen

    d. ☐ Staub saugen   i. ☐ die Fenster putzen

    e. ☐ einkaufen gehen

2. An welches Stereotyp denkt Noras Vater? _____

AUSSPRACHE UND ORTHOGRAPHIE

······································

Aussprache (1. Teil)

e-Sounds

In **Kapitel 1** we focused on the unrounded German vowels. In that chapter, we concentrated on the **e**-sounds. Native speakers of English who are learning German may experience some difficulty with the **e**-sounds: The letters <e, ee> are pronounced differently in English, and English does not have the combinations of <eh, ä, äh>. In English, the lax **e**-sounds are often diphthongized to [ei].

In German there are as many as four different realizations of the **e**-sound:

1. long, tense **e** ([e:], as in *eben*, **T***ee*, **s***e***hen**);
2. short lax **e** ([ɛ], as in **Bett**, **Bälle**);
3. long lax **e** ([ɛ:], as in **sp***ät*, **äh**nlich); and
4. schwa ([ə] as in **bitt***e*).

As we described in **Kapitel 1,** the long, lax **e**-sound is pronounced in the standard language more and more as a long, tense **e**-sound. We recommend that you pronounce all long **e**-sounds the same—that is, as long, tense [e:], even if they are written as <ä> or <äh>.

Schwa (as in English *ago*) was practiced in **Kapitel 2**; it often disappears completely in the ending **-en** (see **Kapitel 10**).

A. Listen to and read the information in the following table. Underline all long, tense **e**-sounds, as in **Dr***e***sden.**

Name	Wohnort	Berufswunsch	Hobbys
Jens	Dresden	Bäcker	essen, Freunde treffen
Mehmet	Bremen	Fernsehreporter	fernsehen
Ken	Gera	Apotheker	lesen, zelten
Peggy	Bern	Lehrerin	segeln, Tennis spielen

Replay the segment, and mark all short, lax **e**-sounds with a dot below the vowel, as in **J***e***ns.**

All unmarked letters <e> are pronounced as schwa or, in combination with <r>, as a vocalic **r.**

Check your answers in the answer key. Replay the segment, and pronounce the names and words after the speaker.

B. Sprechen Sie über Jens, Mehmet, Ken und Peggy. Verwenden Sie die Wörter aus der Tabelle.

1. Jens wohnt in _____. Er möchte _____ werden. Seine

   Hobbys sind _____.

2. Mehmet _____

   _____.

3. Ken _____

   _____.

4. Peggy _____

   _____.

Orthographie (1. Teil)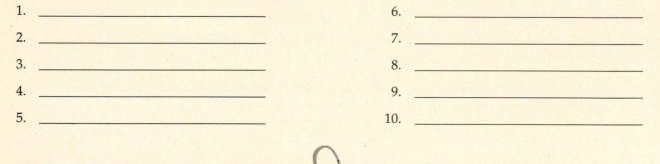

e-Sounds

Listen, and write the words with <E, e, ee, eh, ä>.

1. _____
2. _____
3. _____
4. _____
5. _____

6. _____
7. _____
8. _____
9. _____
10. _____

Aussprache (2. Teil)

Word Stress in Compounds

In **Kapitel 4** we focused on stress in compound words. We are revisiting this topic here, because this is an area in which speakers of English often make two mistakes: (1) They put equal stress on the individual parts of a compound; and (2) they pronounce short, stressed vowels with greater muscle tension. Neither of these phenomena occur in German.

A. Form compounds using the words in the box. You should be able to use all the words. Indicate the gender of each of your compounds.

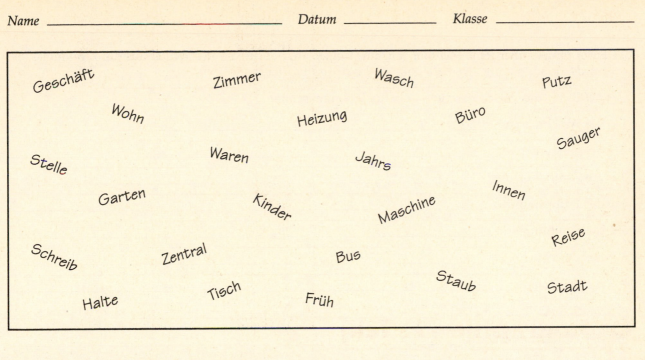

Geschäft   Zimmer   Wasch   Putz

Wohn   Heizung   Büro

Stelle   Waren   Jahrs   Sauger

Garten   Kinder   Maschine   Innen

Schreib   Zentral   Bus   Reise

Halte   Tisch   Früh   Staub   Stadt

1. _____   6. _____

2. _____   7. _____

3. _____   8. _____

4. _____   9. _____

5. _____   10. _____

Check your answers in the answer key.

B. Listen to the ten compound words in **Übung A.** Indicate whether the vowel with the main stress is long (including diphthongs) or short.

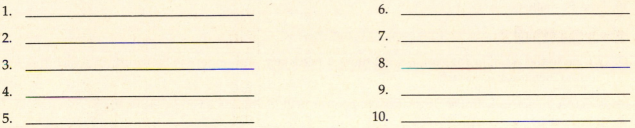

	LONG	SHORT
1. die Waschmaschine	☐	☐
2. der Kindergarten	☐	☐
3. die Zentralheizung	☐	☐
4. der Frühjahrsputz	☐	☐
5. der Staubsauger	☐	☐
6. das Reisebüro	☐	☐
7. die Innenstadt	☐	☐
8. das Schreibwarengeschäft	☐	☐
9. der Wohnzimmertisch	☐	☐
10. die Bushaltestelle	☐	☐

Check your answers in the answer key. Replay the segment, and pronounce the words after the speaker. Tap on your table as you pronounce the stressed syllables. Remember: As a rule, the first element in a compound word is the determining word, which is stressed.

C. Form phrases using prepositions (**an, auf, für, in, zu**) and the nouns from **Übung B.** Pronounce the words aloud, paying close attention to the stressed syllable.

MODELL: die Waschmaschine → in der Waschmaschine

1. die Waschmaschine: _____

2. der Kindergarten: _____

3. die Zentralheizung: _____

4. der Frühjahrsputz: _____

5. der Staubsauger: _____

6. das Reisebüro: _____

7. die Innenstadt: _____

8. das Schreibwarengeschäft: _____

9. der Wohnzimmertisch: _____

10. die Bushaltestelle: _____

In some compound words the first element is not stressed.

D. Listen to the weather forecast, several times if necessary, and underline the words in which the second element is stressed.

Im Südosten bleibt es kalt. Die Tagestiefsttemperatur liegt bei minus 3 Grad Celsius. Im Südwesten

wird es freundlicher, die Tageshöchsttemperatur erreicht 15 Grad Celsius. Aber auch hier wird in den

nächsten Tagen der Nordostwind stärker und es fällt Schneeregen.

Check your answers in the answer key. Replay the segment, several times if necessary, and read along with the speaker. Now read the weather forecast aloud.

Orthographie (2. Teil)

Numbers

Listen, and write out the numbers and times you hear.

1. _____

2. _____

3. _____

4. _____

5. _____

6. _____

7. _____

Name _____ Datum _____ Klasse _____

8. _____
9. _____
10. _____

KULTURECKE

● ●

A. Wohnen in den USA (USA) und in Deutschland (D). Kreuzen Sie an, zu welchem Land die folgenden Aussagen eher passen.

	USA	D
1. Im Durchschnitt wohnen 65 Menschen auf einer Quadratmeile.	☐	☐
2. Das Dach ist oft mit Holzschindeln gedeckt.	☐	☐
3. Das Dach ist meistens aus Ziegeln.	☐	☐
4. Den Stock über dem Keller nennt man den 1. Stock.	☐	☐
5. Ein modernes Einfamilienhaus ist massiv und aus Stein gebaut.	☐	☐
6. Fast alle Häuser haben einen Keller.	☐	☐
7. Nur 30% der Bevölkerung wohnt im eigenen Heim.	☐	☐
8. Viele Häuser sind aus Holz gebaut.	☐	☐
9. Viele Leute können sich ein Haus leisten, weil es relativ billig ist.	☐	☐

B. Wer weiß—gewinnt! Markieren Sie die richtigen Antworten.

1. Carl Spitzweg war ein deutscher _____ des 19. Jahrhunderts.

   a. Philosoph   b. Schriftsteller   c. Ingenieur   d. Maler

2. Zwischen 1600 und 1770 wurden viele Gebäude vor allem in Süddeutschland und in Österreich im Stil _____ gebaut.

   a. der Gotik   b. der Renaissance   c. des Barock   d. des Klassizismus

3. In diesem Stil wurden viele Kirchen, Rathäuser, Wohnhäuser und Stadttore vor allem in den Hansestädten entlang der Nord- und Ostseeküste gebaut.

   a. Backsteingotik   b. Fachwerk   c. Barock   d. Klassizismus

4. Welches der folgenden Prinzipien ist **nicht** von Hundertwasser?

   a. ein Recht auf Fenster   c. klare funktionsgerechte Strukturierung
   b. Bäume als Mieter   d. Wald auf dem Dach

5. _____ nennt man eine Gruppe von Personen, die nicht miteinander verwandt sind, aber trotzdem zusammenwohnen.

   a. Familie   b. Haushalt   c. Hausfreunde   d. Wohngemeinschaft

6. _____ gründete 1919 in Weimar das Bauhaus.

   a. Friedensreich Hundertwasser

   b. Klaus Friedrich Schinkel

   c. Walter Gropius

   d. Paul Klee

7. 1925 siedelte das Bauhaus nach _____ über.

   a. Dessau   b. Leipzig   c. Erfurt   d. Dresden

8. Weimar liegt in _____.

   a. Sachsen   b. Thüringen   c. Brandenburg   d. Sachsen-Anhalt

9. Welcher der folgenden Schriftsteller und Komponisten wirkte **nicht** in Weimar?

   a. Beethoven   b. Bach   c. Goethe   d. Schiller

C. Baustile. Für welche Baustile sind die folgenden Gebäude ein Beispiel? Schreiben Sie den Baustil unter das jeweilige Bild. Baustile: Backsteingotik, Renaissance, Fachwerk, Barock, Klassizismus, Bauhaus.

1. _____

2. _____

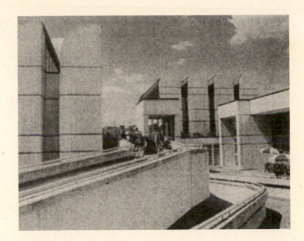

3. _____

4. _____

5. _____

6. _____

D. *Der Erlkönig* **(Johann Wolfgang von Goethe).** Johann Wolfgang von Goethes (1749–1832) Ballade über den Erlkönig[1] ist eines seiner berühmtesten Gedichte. Die meisten Schüler in Deutschland mussten dieses Gedicht irgendwann in ihrer Schulzeit auswendig lernen.[2] Die Elfen, Figuren aus der germanischen und nordischen Mythologie, haben etwas Dämonisches und bringen Krankheit und Unglück. Sie verführen[3] die Menschen mit ihrem Gesang[4] und locken[5] sie in den Tod.

Der Erlkönig

Wer reitet so spät durch Nacht und Wind?

Es ist der Vater mit seinem Kind;

Er hat den Knaben[6] wohl in dem Arm,

Er fasst ihn sicher, er hält ihn warm.

Mein Sohn, was birgst[7] du so bang[8] dein Gesicht? _____

Siehst, Vater, du den Erlkönig nicht? _____

Den Erlenkönig mit Kron' und Schweif[9]? _____

Mein Sohn, es ist ein Nebelstreif.[10] _____

Du liebes Kind, komm, geh mit mir! _____

Gar schöne Spiele spiel ich mit dir;

Manch bunte Blumen sind an dem Strand,

Meine Mutter hat manch gülden Gewand.[11]

Mein Vater, mein Vater, und hörest du nicht, _____

Was Erlenkönig mir leise verspricht[12]?

Sei ruhig, bleibe ruhig, mein Kind! _____

In dürren[13] Blättern säuselt[14] der Wind.

[1]*king of the elves*
[2]auswendig . . . *memorize*
[3]*bewitch*
[4]*singing*
[5]*lure*
[6]*boy*
[7]*hide*
[8]*fearfully*
[9]*train (of dress)*
[10]*streak of fog*
[11]*clothes*
[12]*is promising*
[13]*dry*
[14]*whisper*

Willst, feiner Knabe, du mit mir gehn? _____

Meine Töchter sollen dich warten[1] schön;

Meine Töchter führen den nächtlichen Reihn,[2]

Und wiegen und tanzen und singen dich ein.[3]

Mein Vater, mein Vater, und siehst du nicht dort _____

Erlkönigs Töchter am düstern[4] Ort?

Mein Sohn, mein Sohn, ich seh' es genau; _____

Es scheinen die alten Weiden[5] so grau.

Ich liebe dich, mich reizt deine schöne Gestalt[6]; _____

Und bist du nicht willig, so brauch' ich Gewalt.[7]

Mein Vater, mein Vater, jetzt fasst er mich an[8]! _____

Erlkönig hat mir ein Leids getan[9]!

Dem Vater grauset's,[10] er reitet geschwind,[11]

Er hält in den Armen das ächzende[12] Kind,

Erreicht den Hof mit Müh und Not[13];

In seinen Armen das Kind war tot.

[1]dich . . . *wait on you*
[2]führen . . . *lead off the nocturnal round (of dance)*
[3]wiegen . . . ein *rock to sleep*
[4]*dark*
[5]*willows*
[6]mich . . . *I'm attracted to your pretty physique*
[7]*force*
[8]fasst . . . an *is grabbing*
[9]hat . . . *has hurt me*
[10]dem . . . *the father shudders*
[11]*fast*
[12]*groaning*
[13]mit . . . *with great difficulty*

1. In diesem Gedicht sprechen drei Personen: der Vater, der Sohn und der Erlkönig. Schreiben Sie in die Lücken rechts neben dem Gedicht, wer gerade spricht!

2. Der Vater (V), der Sohn (S) oder der Erlkönig (E)?

   _____ a. Er reitet durch die Nacht.

   _____ b. Er hat den Jungen sicher im Arm.

   _____ c. Er hat Angst.

   _____ d. Er hat eine Krone und einen Schweif.

   _____ e. Er verspricht dem Jungen schöne Spiele.

   _____ f. Seine Mutter hat goldene Kleider.

   _____ g. Er hört nur den Wind in den Blättern.

   _____ h. Er hat Töchter, die für den Jungen tanzen und singen.

   _____ i. Er fürchtet sich immer mehr.

   _____ j. Er sieht nur die alten grauen Weiden.

   _____ k. Er fasst den Jungen an und tötet ihn.

   _____ l. Er hat große Angst und reitet so schnell er kann.

3. Inhaltsangabe. Bringen Sie die Sätze in die richtige Reihenfolge.

   _____ Als der Vater zu Hause ankommt, ist sein Sohn tot.

   _____ Der Erlkönig verspricht dem Jungen viele schöne Dinge.

   _____ Der Sohn sieht den Erlkönig, aber der Vater sieht ihn nicht.

   _____ Der Vater reitet mit seinem Sohn durch die Nacht.

   _____ Der Vater reitet so schnell er kann, weil es seinem Sohn nicht gut geht.

   _____ Erlkönig wird den Jungen auch mit Gewalt holen, wenn es sein muss.

   _____ Erlkönigs Töchter werden sich um den Jungen kümmern.

AUFSATZ-TRAINING

A. Ihr Traumhaus. Lesen Sie die Beschreibung von Juttas Traumwohnung.

Ich möchte gern in einer großen Stadt in Süddeutschland wohnen, vielleicht in München oder Augsburg. Ich möchte in der Stadtmitte wohnen, weil da immer viel los ist. Meine Wohnung muss hell und warm sein, und die Küche muss sehr groß sein, weil ich Hobbyköchin bin. Weil ich gern Freunde einlade, muss mein Wohnzimmer groß und gemütlich sein, vielleicht mit einem Kamin. Meine Nachbarn müssen hip sein, weil ich Mitglied einer Punkband bin, und wir jeden Mittwoch von 9 bis 1 Uhr nachts bei mir üben. Vielleicht können die Nachbarn ja mitspielen.

B. **Wie sollte Ihr Traumhaus aussehen?** Folgen Sie Juttas Beispiel und schreiben Sie, warum Sie so wohnen möchten.

Schreibhilfe

To spice up your description, mention specific details, and avoid using too many adjectives. Use **weil** clauses to explain why you want to live the way you do, and remember that in German you can change word order to add variety. Read Jutta's description again, and notice how she has varied the word order. Suggestion: Read your composition out loud, and revise it if necessary to make sure you have varied the word order and sentence length.

_____

_____

_____

_____

_____

_____

_____

Partner

FAMILIE, EHE, PARTNERSCHAFT

· ·

Schriftliche Aktivitäten

Familienmitglieder. Sagen Sie, wie diese Leute mit Ihnen verwandt sind.

➜ Lesen Sie Grammatik 12.1, „The genitive case"!

MODELLE: Ihre Tante → Meine Tante ist die Schwester meiner Mutter oder meines Vaters.
Ihr Bruder → Mein Bruder ist der Sohn meines Vaters und meiner Mutter.

1. Ihre Großmutter _Meine Grossmutter ist die Mutter meines Vaters_

2. Ihre Kusine _Meine Kusine ist die Tochter meiner Tante._

3. Ihr Neffe _Mein Neffe ist der Sohn meines Bruders._

4. Ihr Urgroßvater _Mein Urgrossvater ist der Vater meines Grossvaters_

5. Ihre Schwägerin _Meine Schwägerin ist die Frau meines Bruders_
   „ „ „ die Schwester meines Mann

Hörverständnis

A. Das Leben einer unverheirateten Frau. Renate Röder ist bei ihren Eltern in Berlin-Zehlendorf. Sie spricht mit ihrer Mutter über ihre Zukunft. Herr und Frau Röder würden Renate gerne verheiratet sehen.

NEUE VOKABELN

ungebunden   *not tied up, free*
die Torschlusspanik   *last-minute panic*
gestalten   *to form*

Richtig oder falsch? Korrigieren Sie die falschen Sätze.

1. _F_   Renate ist im Moment mit ihrem Leben unzufrieden. _____ Ihr Leben gefällt ihr
Sie ist zufrieden ungebunden _____ wie so ist

2. _R_   Frau Röder glaubt, dass Renate bald heiraten sollte. _____

3. _F_   Renate hat einen Freund und denkt ans Heiraten. _____ Sie kennt keinen Mann
_____

4. _R_   Frau Röder meint, dass Renate sich zu viel auf ihren Beruf konzentriert. _____
_____

5. _F_   Renate macht ihr Beruf keinen Spaß. _____ macht mir Spass
_____

6. _R_   Renate glaubt, dass ihre Eltern ihr die Entscheidungen für ihr Leben selbst überlassen sollten.
_____

B. Klatsch[1] in der Isabellastraße. Frau Körner und Herr Thelen stehen vor dem Haus in der Isabellastraße in München und sprechen über Familie Ruf.

NEUE VOKABELN

erfolgreich *successful*
leisten *to accomplish*
jemanden ernst nehmen *to take someone seriously*
sich selbst überlassen sein *to be left to oneself*
Mit dem ist es aus. *It's over with him.*
der Penner, - *bum*

1. Was erfahren Sie Neues über die Rufs? Schreiben Sie zu jeder Person 2–3 Sätze.

HERR RUF: _Seine Frau bringt das Geld und er sitzt zu Hause und spielt Hausmann._

Schriftsteller – Seine Bücher sind ein bisschen neurotisch

FRAU RUF: _ein bisschen komisch_ ~~sehr~~ und modern

zu Arzt und ~~geht zu~~ Apotheke   Sie macht alles im Haushalt

Die Mutter ist die ganzen Tag nicht da

JUTTA RUF: _Jutta zieht furchtbar aus mit neuer Frisur_

Ihr Freund ist ein Penner

Soll mit einen Ausländer (Türke oder Araber) zusammen sein.

2. Frau Körner und Herr Thelen sind voller Vorurteile. Was meinen Sie: Ist an diesen Vorurteilen etwas dran (+) oder sind sie völlig falsch (−)?

F___ Schriftsteller—das ist kein richtiger Beruf. ——————

____ Juttas neue Frisur ist furchtbar. _vielleicht_

F___ Deutsche Mädchen sollen nicht mit Ausländern ausgehen.

F___ Eine Frau, die Karriere macht, vernachlässigt ihre Kinder.

F___ Eine Frau sollte sich um Haushalt und Familie kümmern.

F___ Kinder hüten und Essen kochen ist keine Arbeit für einen Mann.

[1]*gossip*

MULTIKULTURELLE GESELLSCHAFT
....

Schriftliche Aktivitäten

A. **Meinungen.** Michael Pusch und Maria Schneider haben zu allem eine Meinung, oft eine gegensätzliche. Wem stimmen Sie zu? Oder hat vielleicht niemand recht? Reagieren Sie auf Marias und Michaels Aussagen mit Ausdrücken wie:

[+]	[−]
Ich finde auch, dass . . .	Ich finde nicht, dass . . .
Ich bin auch der Meinung, dass . . .	Ich bin (ganz und gar) nicht der Meinung, dass . . .
Es ist richtig/wahr, dass . . .	Es ist (völlig) falsch, dass . . .

MODELL: Fernsehen macht dumm. →
Es ist wahr, dass Fernsehen dumm macht. Ich habe jahrelang viel zu viel ferngesehen und jetzt weiß ich nicht einmal mehr, wie viel zwei und zwei ist.

1. Frauen sind die besseren Menschen. _____
_____

2. Alle Amerikaner sind intelligent. _Es ist falsch dass alle_
Amerikaner sind intelligent sind

3. Abtreibung ist Mord. _____
_____

4. Frauen werden heute nicht mehr diskriminiert. _Frauen ist weil ..._
Es ist falsch, dass Frauen nicht mehr diskriminiert werden

5. Französisch ist die schönste Sprache der Welt. _____
_____

6. Heute gibt es in den USA keinen Rassismus mehr. _____
_____

7. Die Deutschen sind unhöflich. _____
_____

8. Im Fernsehen gibt es zu viel Gewalt und zu viel Sex. _____
_____

B. **Gute Gründe.**

→ Lesen Sie Grammatik 12.2, „Causality and purpose: **weil, damit, um . . . zu**"!

1. Begründen Sie, warum Sie (nicht) der folgenden Meinung sind.

MODELL: Die USA sind (nicht) das beste Land der Welt →
Die USA sind das beste Land der Welt, **weil** in den USA jeder Millionär werden kann.

a. Das Aussehen meines Partners / meiner Partnerin ist für mich (nicht) wichtig, _____

Das Aussehen meines Partners ist etwas wichtig.

b. Die Mutter ist für Kinder (nicht) besonders wichtig, _____

_____

c. Es ist (nicht) schwierig, Ausländer zu integrieren, _____

_____

d. Viele Menschen wollen in die USA einwandern, _____

_____

e. Ein Collegestudium ist (nicht) wichtig, _____

_____

2. Sagen Sie, warum man das machen soll / Sie das machen wollen.

MODELL: Alle Amerikaner sollen eine Fremdsprache lernen. →
Alle Amerikaner sollen eine Fremdsprache lernen, **damit** die Ethnozentrizität bei uns
abnimmt.

a. Ich möchte ein Jahr in Deutschland wohnen, _____

_____

b. Frauen müssen gleichen Lohn für gleiche Arbeit bekommen, _____

_____

c. Die Männer müssen im Haushalt mehr mitarbeiten, _____

_____

d. Alle Einwanderer müssen Englisch lernen, _____

_____

e. Ich lerne Deutsch, _____

_____

C. **Noch ein Auszug aus Jochen Rufs Roman, *Kinder, Küche und ein Mann*. Kapitel 3: „Morgens".**
Der Mann sitzt in seiner Küche und denkt über die Beziehung zu seiner Frau nach.

NEUE VOKABELN

sich quälen   *to toil, struggle*

Wer hat was gemacht: der Mann (M) oder die Frau (F)?

1. _F_   hat sich den Bademantel angezogen

2. _F_   hat sich eine Tasse Jasmintee gemacht

3. _F_   hat sich duschen wollen

4. _M_   hat sich aus dem Bett gequält

5. _M_   hat sich die Zähne geputzt

6. _M_   hat sich einen Espresso gemacht

7. _F_   hat sich schnell angezogen

8. _F_   hat sich gekämmt

9. _M_   hat sich mit dem Warhol-Poster unterhalten

Hörverständnis

A. Gespräch über die Situation der Türken in Deutschland. Claire und Josef essen zusammen zu Abend. Sie unterhalten sich lange über die Situation der Türken in Deutschland.

NEUE VOKABELN

anfeinden   *to persecute*
die Angst schüren   *to fan the flames of fear*
die Überfremdung   *infiltration with too many foreign influences*
sich gewöhnen an   *to get used to*

Beantworten Sie die folgenden Fragen.

1. Mit welchen Ausländern haben die Deutschen die meisten Probleme? Warum? — Die Türker
   Kommt aus Kultur kreis / andera Religion —

2. Was machen die Türken als Moslems anders? _____
   andere Kleidung einen Kopftuch oder Hosen unter der Kleidung

3. Warum leben viele türkische Familien in Deutschland? 30 Jahren = viele Männer sin
   gekommen und um hier zu arbeiten. Später haben sie ihre Familie
   angehört

Name _____ Datum _____ Klasse _____

4. Warum spielt die hohe Arbeitslosigkeit eine Rolle, wenn es um die Diskriminierung von Türken geht? _Leute glauben dass die Türken Arbeitplätze wegnehmen_

5. Warum hätten wahrscheinlich viele Jüngere Schwierigkeiten, wenn sie in die Türkei zurückkehren würden? _Die meisten sprechen besser deutsch als Türkisch und viele kennen die Heimat der Eltern als Urlaubsland_

6. Was schlägt Josef als Lösungsmöglichkeit vor? _Alle Gruppen sollen sich besser kennen lernen - das Angst würde nehmen. Angst vor Fremden Respekt._

B. Juttas neuer Freund. Jutta bringt Kemal, ihren neuen Freund, mit nach Hause.

NEUE VOKABELN
der Pascha   *Turkish military or civil official;* here: *dominating male*

Richtig oder falsch? Korrigieren Sie die falschen Sätze.

1. ✓ Juttas Freund ist in der Türkei geboren. _____

2. F Kemal isst jeden Tag Knoblauch. _nicht immer_

3. ✓ Kemal war zehn, als er nach Deutschland umgezogen ist. _____

4. ✓ Muslimische Frauen dürfen ihren Körper nicht zeigen. _____

5. F Kemals Eltern haben ihre alten Traditionen aufgegeben und leben jetzt wie Deutsche. _Er hat Sie halten an ihren Traditionen fest_

6. R Kemal findet es schlecht, wenn ein Mann den Pascha spielt. _____

TIERE

• •

Schriftliche Aktivitäten

Was wird (manchmal/oft) mit diesen Tieren gemacht?

MODELL: Katzen → Katzen werden oft gestreichelt.

NÜTZLICHE WÖRTER

angeln	Gassi führen	vergiften
erschlagen	jagen	zertreten
essen	melken	?
füttern	reiten	

1. Mücken _____

2. Wildenten _____

3. Ratten _____

4. Hunde _____

5. Pferde _____

6. Kühe _____

7. Fische _____

8. Kakerlaken _____

9. Truthähne _____

10. Vögel (im Winter) _____

Hörverständnis

Bildgeschichte: Lydias Hamster. Was hat Lydia mit ihrem Hamster erlebt?

Bringen Sie die Sätze in die richtige Reihenfolge und schreiben Sie die Verben dazu.

aufstehen	finden (2x)	suchen (2x)
bekommen	schauen	vergessen
entdecken	spielen	

_____ Als sie am nächsten Morgen _____, war der Hamster verschwunden.

_____ Außerdem war die Pflanze auf ihrer Fensterbank angefressen.

_____ Da _____ sie schließlich den Hamster. Er hatte sich ein gemütliches Nest gebaut.

_____ Eine Woche später _____ sie ein komisches Loch in ihrer Jacke.

_____ Eines Abends _____ sie, die Käfigtür richtig zuzumachen.

__1__ Lydia Frisch _____ zum Geburtstag einen Hamster.

_____ Lydia _____ den Hamster im ganzen Haus.

_____ Lydia _____ noch einmal überall. Mit ihrem Vater _____ sie sogar hinter den Kleiderschrank.

_____ Sie _____ jeden Tag mit ihrem Hamster.

_____ Sie war sehr traurig, weil sie ihn nicht _____.

KUNST UND LITERATUR

Schriftliche Aktivitäten

Ein Interview mit ???

→ Lesen Sie Grammatik 12.4, „Asking questions about things and concepts: **wo**-compounds"!

1. Sie sind Reporter/Reporterin und interviewen einen international bekannten modernen Künstler und seine Frau, die auch Künstlerin ist. Hier sind die Antworten. Stellen Sie Ihre Fragen und benutzen Sie die **wo**-Verbindungen, wenn es möglich ist

   a. _____?

   Wir arbeiten mit unterschiedlichen Materialien, z. B. mit Nylongewebe,[1] mit Stahlkabeln,[2] mit Steinen und immer wieder auch mit Ölfässern.[3]

   b. _____?

   Man muss an viele Dinge denken, wenn man ein Kunstprojekt plant, z. B. an die Materialien oder an die Arbeitskräfte. Aber die Idee steht immer am Anfang.

   c. _____?

   In Deutschland sind wir für unser Projekt „Verhüllter[4] Reichstag"[5] bekannt und in den USA? Vielleicht für die Inseln in Florida, die wir in pinkfarbenen Stoff verpackt[6] haben.

[1]*nylon fabric*
[2]*steel cables*
[3]*oil drums*
[4]*wrapped*
[5]*the parliamentary building in Berlin*
[6]*wrapped, packed*

d. _____?

Wir freuen uns am meisten über ein kritisches Publikum, das mit uns die Projekte diskutiert.

e. _____?

Nach einem erfolgreichen Projekt freuen wir uns immer auf ein bisschen Ruhe, es ist doch alles ganz schön stressig.

f. _____?

Wir arbeiten zur Zeit an einem ganz spannenden Projekt. Wir werden eine Wand aus 13.000 Ölfässern in Oberhausen in Deutschland errichten.

g. _____?

Danach arbeiten wir weiter an Projekten in den USA und an einem Projekt in den Vereinigten Arabischen Emiraten.

h. _____?

Wir träumen von vielen gemeinsamen Projekten. Welche das sind? Das wird nicht verraten!

2. Lesen Sie jetzt das ganze Interview und entscheiden Sie: Welche Aussagen sind richtig?

RICHTIG?

a. Die Künstler verwenden verschiedene Materialien. ☐

b. Wenn man ein Kunstprojekt plant, braucht man nur die Idee. ☐

c. Die Künstler haben Kuba in Stoff verpackt. ☐

d. Ein erfolgreiches Kunstprojekt ist auch stressig. ☐

e. Die Künstler wollen die Stadt Oberhausen in pinkfarbenen Stoff verpacken. ☐

f. Die Künstler verraten ihre Träume nicht. ☐

3. Können Sie jetzt erraten, wen sie interviewt haben?

Ich habe _____ interviewt.

Hörverständnis

A. Rollenspiel: An der Theaterkasse.

S1: Sie wollen mit vier Freunden in die „Rocky Horror Picture Show". Das Theater ist schon ziemlich ausverkauft. Sie wollen aber unbedingt mit ihren Freunden zusammensitzen und Reis werfen. Fragen Sie, wann, zu welchem Preis und wo noch fünf Plätze übrig sind.

S2: Sie arbeiten an der Kasse des Stadttheaters und sind gestresst, weil Sie den ganzen Tag Karten verkauft haben. Sie haben vielleicht noch zehn Karten für die „Rocky Horror Picture Show" heute Abend, alles Einzelplätze. Auch die nächsten Tage sind schon völlig ausverkauft. Jetzt freuen Sie sich auf Ihren Feierabend, weil Sie dann mit Ihren Freunden selbst in die „Rocky Horror Picture Show" gehen wollen. Sie haben sich fünf ganz tolle Plätze besorgt, fünf Logenplätze in der ersten Reihe. Da kommt noch ein Kunde.

WÄHREND DES HÖRENS

Ergänzen Sie den Dialog.

KUNDIN: Hallo! _____ heute Abend?

KARTENVERKÄUFER: Um _____.

KUNDIN: _____ fünf Karten?

KARTENVERKÄUFER: Ja, _____ wenige Plätze.

KUNDIN: Aha, und _____?

KARTENVERKÄUFER: Es gibt nur noch Einzelplätze, zwei im Parkett, drei in der Loge.

KUNDIN: Hm, _____?

KARTENVERKÄUFER: Parkett kostet 18 Euro, Loge kostet 25 Euro.

KUNDIN: Und es gibt nur noch Einzelplätze? _____

_____? Wir würden gern zusammen sitzen.

KARTENVERKÄUFER: Nein, _____, es sind keine anderen Plätze mehr frei.

KUNDIN: Meine Freunde sind aus dem Ausland und haben noch nie die „Rocky Horror Picture Show" gesehen. Bei ihnen _____

_____. Wir wollten heute Abend zusammen Reis werfen und Wecker klingeln lassen.

KARTENVERKÄUFER: _____. Aber alle anderen Plätze sind besetzt oder schon lange Zeit vorbestellt.

KUNDIN: Fällt Ihnen _____?

KARTENVERKÄUFER: Sie könnten natürlich um 20.15 Uhr, also kurz vor Beginn der Vorstellung, noch einmal nachfragen, ob _____

_____.

KUNDIN: Gut, ich komme dann also heute Abend wieder vorbei. Tschüs, bis dann.

KARTENVERKÄUFER: Bis dann.

B. Das Theaterprogramm in Berlin. Frau Ruf ist auf einer Geschäftsreise in Berlin und möchte ins Theater gehen. Sie ruft bei der Touristeninformation an und fragt nach dem Theaterprogramm.

Welche Antworten sind richtig? Kreuzen Sie an. Korrigieren Sie dann die falschen Aussagen.

RICHTIG?

1. Frau Ruf interessiert sich mehr für klassische Theaterstücke. ☐

Korrektur: _____

2. Die Dame von der Information empfiehlt ihr „Othello" von Shakespeare. ☐

Korrektur: _____

3. Die Aufführung in der Schaubühne am Lehniner Platz beginnt um 20.45 Uhr. ☐

Korrektur: _____

4. Im Renaissance-Theater wird „Die Leiden des jungen Werther" gespielt. ☐

Korrektur: _____

5. Frau Ruf hat „Hamlet" vor kurzem in New York gesehen. ☐

Korrektur: _____

6. Frau Ruf entscheidet sich für den „Werther". ☐

Korrektur: _____

7. Sie nimmt die Karte für 42 Euro. ☐

Korrektur: _____

8. Frau Ruf kann die Theaterkarte bei der Touristeninformation abholen. ☐

Korrektur: _____

C. Frau Ruf ist wieder zu Hause. Sie erzählt ihrem Mann, was sie sich in Deutschland angesehen hat.

1. Hören Sie, was Frau Ruf erzählt und bringen Sie die Sätze in die richtige Reihenfolge.

_____ So konnte ich mir die weltgrößte Ausstellung für moderne Kunst ansehen.

_____ Dort war ich in Goethes „Die Leiden des jungen Werther" im Renaissance-Theater und am nächsten Tag im Ägyptischen Museum auf der Museums-Insel.

_____ In Kassel war ich im Schloss Wilhelmshöhe und in dem berühmten Park.

_____ Ich habe mir den Hafen und den „Michel", eine berühmte Kirche, angesehen.

_____ Dann bin ich für zwei Tage nach Berlin gefahren.

_____ Wunderschöne Gotik, aber fast immer wird an irgendeiner Stelle des Domes gebaut oder restauriert.

_____ Zuerst war ich in Hamburg.

_____ Ja, und in Bayern musste ich unbedingt das Märchen-Schloss Neuschwanstein besichtigen.

_____ Und ich hatte Glück, in Kassel war gerade Documenta.

_____ Fast hätte ich jetzt noch den Dom in Köln vergessen.

2. Lesen Sie die Sätze noch einmal und ordnen Sie die Sehenswürdigkeiten[1] zu.

a.	Kassel	1.	der Hafen und die Kirche „Michel"
b.	Berlin	2.	die Documenta, das Schloss Wilhelmshöhe, der Park
c.	Bayern	3.	der Dom
d.	Köln	4.	das Märchen-Schloss Neuschwanstein
e.	Hamburg	5.	die Museums-Insel, das Renaissance-Theater

[1]_sights_

AUSSPRACHE UND ORTHOGRAPHIE

Aussprache

Variations in Pronunciation

As in English, German has various forms of expression that are reflected in pronunciation.

Situational and textual variations:
The features of pronunciation change depending on the situation (for example, the size of a room, the number of listeners) and according to the text. For example, there are distinct differences between the following types of expression:

- recitation, ceremonial presentation;
- reading, news reporting, lecturing;
- businesslike conversations;
- conversations for entertainment or amusement.

Emotional variations:
Anger or joy, irony or surprise are also expressed with distinct phonetic differences.

Regional variations:

In German class you are learning a supraregional standard with which you can be understood in all regions of the German-speaking world. It is based on a North-Middle German pronunciation. Besides the German standard language, there are additional standard pronunciations in Switzerland and Austria. Moreover, in Germany, Austria, and Switzerland, as well as in other German-speaking regions, there are areas with their own distinct dialect and pronunciation.

Sung variations and individual differences:

It is important for you, as a learner of German, to understand pronunciation variations. Since you can now speak German relatively well, you are now ready to learn how to use some of these variations. For communicative purposes, the situational and emotional variations are the most important.

Situational variations—poetry and conversation:

To examine the distinct phonetic realizations in the different situational variations, let us look at two examples: a poem and a conversation. Pay close attention to the following features:
- the speech tempo in the poem is slower, in the conversation it is quicker;
- the tension of speech in the poem is greater, in the conversation it is more diminished;
- the ending **-en** is sometimes pronounced without schwa; in the conversation it is almost always pronounced without schwa, and the last syllable may even be dropped totally (for example: **sie kamen** [ka:m:]);
- the long vowels are shortened in conversation and pronounced with less muscle tension;
- the glottal stop occurs less often in conversation;
- the plosive consonants [p, t, k] are pronounced in conversation without tension (without aspiration);
- the plosive consonants [b, d, g] are pronounced in conversation with a weak closure—that is, partly as fricatives;
- the trilled-**r** is generally vocalized in conversation after vowels, even after short ones;
- consonants at the end of a syllable are often dropped in conversation (for example: **nich**t.)

A. Listen to two stanzas of the poem „Abendlied" by Matthias Claudius (1740–1815), and read quietly along. Replay the segment several times and pay close attention to the features described above.

> Der Mond ist aufgegangen,
> Die goldnen Sternlein prangen
> Am Himmel hell und klar;
> Der Wald steht schwarz und schweiget,
> Und aus den Wiesen steiget
> Der weiße Nebel wunderbar.
>
> Seht ihr den Mond dort stehen?
> Er ist nur halb zu sehen
> Und ist doch rund und schön.
> So sind wohl manche Sachen,
> Die wir getrost belachen,
> Weil unsre Augen sie nicht sehn.

Now replay the poem several times, and read along aloud. Then recite it.

B. You will now hear a conversation in which speaker A asks speaker B for the way from the train station to the market, and speaker B describes it to speaker A. Replay the segment several times and pay close attention to the features described above.

A: vom Hauptbahnhof zum Markt?
B: erst mal aus dem Bahnhof raus
A: ja, wie weiter?
B: über die Straße, dann etwas nach links, in der gleichen Richtung weiter bis zur Ampelkreuzung
A: wie viele Meter ungefähr?

B: 200, nach der Ampel an einem Spielplatz vorbei, dann weiter nach links, schon direkt am Rathaus
A: wie viel Minuten ungefähr, kein Bus?
B: zu Fuß zehn Minuten, auf Bus erst warten
A: gut, kein Problem, danke
B: . . .

Now you explain the way to the market. Speak freely and in a relaxed fashion.

Emotional variations:
We are constantly expressing emotions and perceiving other's emotions. We do this verbally (for example: **Ich bin glücklich**), with our whole bodies (for example: with a fist in anger), and with the voice (for example: slowly and softly speaking when one is sad). Speech tempo, melody, volume, stress and intonation, parsing, and forming sounds all change depending on our mood.

C. Listen to the interjections and mark whether they indicate one of the following emotions:
    agreement, pain, empathy, disgust, surprise, admiration.

1. Oh! _____   4. Hm. _____

2. Iiii . . . ! _____   5. Au weia! _____

3. Aha! _____   6. Ach je! _____

D.   Now listen to the same interjections with accompanying sentences.

1. Oh! Du hast ein tolles Zeugnis. Wie hast du das nur geschafft?
2. Iiii . . . ! Schon wieder so eine hässliche Spinne über dem Schrank!
3. Aha! So hast du das gemeint. Das hätte ich nicht gedacht.
4. Hm. Ein guter Vorschlag. Das probieren wir.
5. Au weia! Mein Bein, das tut weh. Ich muss mich erstmal setzen.
6. Ach je! Du Arme, du hast aber auch ein Pech in letzter Zeit.

Replay the segment, and pronounce the sentences after the speaker.

E. Go back to the interjections in **Übung C** and create your own accompanying sentences. Then read them aloud.

1. _____

2. _____

3. _____

4. _____

5. _____

6. _____

Orthographie

Animal Names with Short and Long Stressed Vowels

A. Listen to the words and write them in the correct column.

Long Stressed Vowel	Short Stressed Vowel

B. Listen to the text, and write down what you hear.

_____

_____

_____

_____

KULTURECKE

A. Frauen und Männer in Deutschland. Kreuzen Sie an, zu wem diese Aussagen eher passen.

	FRAUEN	MÄNNER
1. Sie arbeiten doppelt—am Arbeitsplatz und zu Hause.	☐	☐
2. Ihre Sache ist es zu waschen, zu kochen, zu putzen.	☐	☐
3. Ihre Sache ist es, sich um Reparaturen an Haus und Wohnung zu kümmern.	☐	☐
4. Ihre Sache ist es einzukaufen und das Geschirr zu spülen.	☐	☐
5. Sie verdienen für gleiche Arbeit mehr als das andere Geschlecht.	☐	☐
6. Sie sind öfter von der Arbeitslosigkeit betroffen als das andere Geschlecht.	☐	☐

B. Wer weiß—gewinnt!

1. In Deutschland leben ca. _____ Ausländer.

   a. 700.000   b. 1, 7 Mio.   c. 7 Mio.   d. 17 Mio.

2. Die meisten Ausländer kommen ursprünglich aus _____.

   a. Italien   b. Spanien   c. dem Iran   d. der Türkei

3. Die Griechin Vicky Leandros ist eine bekannte deutschsprachige _____.

   a. Schriftstellerin   b. Sängerin   c. Komponistin   d. Politikerin

4. Cem Özdemir ist der erste Bundestagsabgeordnete _____ Herkunft.

   a. iranischer   b. marokkanischer   c. türkischer   d. polnischer

5. Hedwig Dohm war _____.

   a. Rechtsanwältin   b. Frauenrechtlerin   c. Frauenärztin   d. Journalistin

6. Hedwig Dohm forderte bessere _____ für Mädchen.

   a. Ehemänner   b. Kleidung   c. Ernährung   d. Bildung

7. Berlin war das Zentum _____.

   a. der Ersten Welt   c. der Neuen Welt

   b. des Kalten Krieges   d. der Weltkriege

8. Die Berliner Mauer wurde _____ von der DDR gebaut.

   a. 1916   b. 1936   c. 1961   d. 1968

9. Die Mauer machte die Gegensätze zwischen _____ besonders deutlich.

   a. Nord und Süd   c. Schwarz und Weiß

   b. Arm und Reich   d. Ost und West

10. 1989 fiel die Mauer nach einer _____.

   a. friedlichen Revolution   c. spannenden Fernsehshow

   b. gewalttätigen Demonstration   d. kalten Nacht

11. Berlin ist jetzt wieder die _____ von Deutschland.

   a. vereinigte Stadt   b. älteste Stadt   c. Hauptstadt   d. Bundesstadt

C. Tiere in Sprichwörtern. Welche Tiere werden in diesen Sprichwörtern verwendet? Ergänzen Sie die Sprichwörter mit den richtigen Tieren: Esel, Fliegen, Gaul, Huhn, Hunde, Katze, Mäuse.

1. Den letzten beißen die _____.

2. Ein blindes _____ findet auch manchmal ein Korn.

3. Einem geschenkten _____ schaut man nicht ins Maul.

4. In der Not frisst der Teufel _____.

5. Wenn dem _____ zu wohl ist, geht er aufs Eis.

6. Wenn die _____ nicht zu Hause ist, tanzen die _____.

D.   Der Anfang von Goethes *Faust*.

FAUST:

Hab nun, ach! die Philosophie,
Juristerei und Medizin,
Und leider auch die Theologie
Durchaus studiert, mit heißem Bemühn.[1]
5   Da steh ich nun, ich armer Tor[2]
Und bin so klug als wie zuvor!
Heiße Magister, heiße Doktor gar,
Und ziehe schon an die zehen Jahr'
Herauf, herab und quer und krumm
10   Meine Schüler an der Nase herum—
Und sehe, dass wir nichts wissen können!
Das will mir schier das Herz verbrennen.
Zwar bin ich gescheiter[3] als alle die Laffen,
Doktoren, Magister, Schreiber und Pfaffen,
15   Mich plagen keine Skrupel noch Zweifel,[4]
Fürchte mich weder[5] vor Hölle noch Teufel[6]—
Dafür ist mir auch alle Freud' entrissen,
Bilde mir nicht ein,[7] was Rechts zu wissen,
Bilde mir nicht ein, ich könnte was lehren,
20   Die Menschen zu bessern und zu bekehren.
Auch hab' ich weder Gut noch Geld,
Noch Ehr' und Herrlichkeit der Welt;
Es möchte kein Hund so länger leben!
Drum hab' ich mich der Magie ergeben,[8]
25   Ob mir durch Geistes Kraft und Mund
Nicht manch Geheimnis würde kund;[9] [. . .]

1.   Wo steht das im Text?

ZEILE(N)

a.   Faust hat mit viel Mühe vier verschiedene Fächer studiert.   1–4

b.   Faust glaubt aber nicht, dass er durch sein Studium mehr weiß als vorher.   _____

c.   Faust ist jetzt Doktor.   _____

d.   Faust unterrichtet schon seit 10 Jahren.   _____

e.   Faust glaubt, dass die Menschen gar nichts wissen können.   _____

f.   Faust ist klüger als alle anderen, die auch studiert haben.   _____

g.   Faust hat kein Gewissen[10] und keine Angst vor dem Tod.   _____

[1]*efforts*
[2]*fool*
[3]*cleverer*
[4]*doubts*
[5]*neither . . . nor . . .*
[6]*devil*
[7]*I don't have any illusions*
[8]*to take to*
[9]*ob mir . . . kund   with the help of the spirits I hope to find out some secrets*
[10]*conscience*

ZEILE(N)

h. Faust hat keine Freude mehr an seinem Leben als Wissenschaftler.   _____

i. Faust glaubt nicht, dass er die Menschen besser machen kann.   _____

j. Faust ist sehr arm.   _____

k. Faust will so nicht mehr weiterleben.   _____

l. Faust hofft, dass die Magie ihm bei der Suche nach dem Wissen helfen wird.   _____

2. Was meinen Sie: Wonach sucht Faust? Was hat er zuerst getan, um es zu finden? Womit versucht er es jetzt?

die Bildung   das Geld   die Macht[1]   das Wissen

        die Liebe   reisen   Zeitung lesen

studieren   Gott   die Magie

    der Teufel   mehr lernen   die Wahrheit[2]   diskutier

a. Ich meine, dass Faust nach _____ sucht.

b. Zuerst hat er _____.

c. Jetzt versucht er es mit _____.

[1]power
[2]truth

E. Goethe als Student in Leipzig 1765–1768. Auch der berühmte Dichter war einmal Student und hatte viele Probleme.

Mit 16 Jahren verließ Goethe seine Heimatstadt Frankfurt und reiste nach Leipzig, um dort Jura zu studieren, wie es sein Vater wollte. Die reiche Handels- und Messestadt mit ihren breiten Straßen und großen Alleen, auch „Klein-Paris" genannt, beeindruckte[1] den jungen Goethe sehr. Am Anfang war er vom Studium begeistert,[2] bald folgten aber auch Enttäuschungen.[3] Vieles, was er an der Universität hörte oder las, wusste er schon, interessierte ihn nicht oder langweilte ihn. Also vernachlässigte[4] der junge Goethe sein Jurastudium, traf sich mit vielen Freunden und diskutierte mit ihnen über Kunst und Poesie. Er nahm Zeichenunterricht und schrieb Gedichte, vor allem, wenn er Probleme hatte. In seinen Gedichten hat Goethe viele Dinge beschrieben, die ihn gerade beschäftigten.[5]

[1]impressed
[2]enthusiastic
[3]disappointments
[4]neglected
[5]preoccupied

1. Welche Aussagen sind richtig? Kreuzen Sie an.

RICHTIG?

   a. Goethe wurde in Frankfurt geboren und kam zum Studium nach Leipzig. ☐

   b. Goethes Vater wollte, dass sein Sohn Jura studiert. ☐

   c. Goethe mochte das Studium am Anfang gar nicht, später gefiel es ihm aber gut. ☐

   d. Goethe kannte schon viele Themen, über die in der Universität gesprochen wurde. ☐

   e. Goethe studierte sehr intensiv Jura, weil er Langeweile hatte. ☐

   f. Goethe diskutierte mit seinen Freunden über Sport und Musik. ☐

   g. Goethe wollte lernen, wie man zeichnet. ☐

   h. Wenn er Probleme hatte, hat er ein Gedicht geschrieben, das hat ihm geholfen. ☐

   i. Wenn er ein Problem hatte, sprach er mit seinem besten Freund darüber. ☐

2. Was machen Sie, wenn Sie dieselben Probleme im Studium haben wie Goethe? Kreuzen Sie an oder ergänzen Sie, was für Sie zutrifft.

Wenn es im Deutschkurs langweilig ist,

☐ gehe ich nicht mehr hin.

☐ rede ich mit dem Lehrer / der Lehrerin darüber.

☐ finde ich Deutsch doof.

☐ _____

Wenn ich Probleme im Studium habe,

☐ rede ich mit einer Professorin / einem Professor darüber.

☐ rede ich mit meinen Mitstudenten darüber.

☐ rede ich mit meinem Therapeuten.

☐ _____

Wenn ich Stress mit den Eltern habe,

☐ bin ich wütend.

☐ ist mir alles egal.

☐ bin ich traurig.

☐ _____

Wenn ich Probleme mit meinem Freund /meiner Freundin habe,

☐ rufe ich ihn/sie an.

☐ rede ich mit ihm/ihr nicht mehr.

☐ schreibe ich ein Gedicht.

☐ _____

F. Ein Gedicht über die Liebe. Goethe hat weltberühmte Dramen geschrieben, aber auch Gedichte über die Liebe.

1. Hier ist ein Gedicht über die Liebe. Versuchen Sie, es zu ergänzen! Setzen Sie diese Wörter ein: die Lieb,[1] durch Lieb, ohn Lieb,[2] die Lieb, aus Lieb, die Lieb. Vergleichen Sie dann ihre Version mit Goethes Version im Lösungsschlüssel.

Woher sind wir geboren?

_____

Wie wären wir verloren?

_____

Was hilft uns überwinden[3]?

_____

Kann man auch Liebe finden?

_____

Was läßt nicht lange weinen?

_____

Was soll uns stets vereinen[4]?

_____

2. Goethes Gedicht hat keinen Titel. Schreiben Sie jetzt Ihr eigenes Gedicht und geben Sie ihm einen Titel.

_____.

Woher _____?

_____.

Wie _____?

_____,

Was _____?

_____.

Kann _____?

_____.

Was _____?

_____.

Was _____?

_____.

[1]Goethe meint hier: Liebe
[2]ohne Liebe
[3]*to overcome*
[4]*unite*

AUFSATZ-TRAINING

Einen Partner finden.

1. Lesen Sie die folgenden Kontaktanzeigen.

Bekanntschaften Herren	Bekanntschaften Damen
Gibt es sie im Raum München? Die Dame mittl. Alters, die für ihre knappe Freizeit einen Freund für Thermalbad, zum Ausgehen, Skifahren u. zärtliches Kuscheln sucht? Er, 51/170 möchte Sie gerne kennenlernen. Zuschr. u. ☎ AS3642910 an SZ	**Mit dieser Anzeige starten wir den Versuch,** für uns - 25 + 26 J., w., mit den üblichen Vorzügen - 2 Fest-Mr.-Perfect aufzuspüren. Sollten Sie ebenfalls die handelsüblichen Vorzüge aufweisen und sich angesprochen fühlen - Bewerbungen wenn möglich mit Bild unter ☎ ZS3636549 an SZ
Er, 26/180, gutauss., gebildet, sportl., m. Niveau su. passende nette schlanke Sie. (Bild?)-Zuschr. 100% Diskr. unter ☎ AS3646386 an SZ	
Warum den Sommer allein verbringen? Optimist. Er, 27/172/70 su. nette Sie zum Weggehen, Cafés, Radeln... Schreib doch einfach (evtl. mit Bild) unter ☎ ZS3644276	**Attraktive,** chice, schlanke SIE (29, 172) will sich in unternehmungslustigen, gutaussehenden Mann verlieben, der d. Leben mit Humor und Leichtigkeit nimmt. Bildschriften bitte unter ☎ ZS3659662 an SZ
Suche Dich, Kind kein Hindernis, kein Kapitalinteresse. Ich, 56, 182, vw., sehr agil, viell. auch sehr gut auss. Bitte nur Bild u. ☎ ZS3643642 an SZ	**Wir 33 Jh./168 cm und 3 Jh. m.** suchen auf diesem Weg einen Partner und väterlichen Freund. Wir beschäftigen uns mit radeln, schwimmen, Freunde pflegen u. lieben die Zweisamkeit. Aber auch das Theater u. die Museen. Wir möchten einen Mann bis 40 Jh. Er sollte warmherzig, psychisch stabil, charakterfest sein und in finanziell geordneten Verhältnissen leben. Bitte nur ernstgemeinte Zuschr. m. Bild u. ☎ ZS3639530
Attr., jung. Mann 30 J./1,78, blond, schl., sportl., kreativ, zärtl. sucht nette Sie für harmon. und dauerh. Freundschaft (Raum München-Augsb.). Zuschr. u. ☎ ZS3643461	
Keine überspannte Tussi! Münchner, 42/183 su. nette Freizeitpartnerin (bis 40 J.) für Wandern, Radlfahren, Biergarten, Tanzen. Bildz. u. ☎ ZS3638111	**Ellen, 29 J.,** Moselanerin, gelernte Arzthelferin, sucht natürlich gebliebenen, naturverbundenen Arzt, Raum Bodensee, zwecks gemeinsamer Zukunft. Zuschriften bitte unter ☎ ZS3643471 an SZ
Bergkamerad, 29 J. sucht gleichgesinnte Frau bis ca. 35 Jahre für Freizeitgestaltung und vielleicht zum Liebhaben. Bildzuschr. u. ☎ AS3637354	**Jg. Frau, 28 J.,** NR, viels. interess. (ohne sportl. Int.), mit Niveau, gepfl. Erschein., su. ebens., einfühls. Mann bis Mitte 30 für ehrliche, feste Beziehung. Zuschriften unter ☎ ZS3635419 an SZ
Sportl. Löwe, 38 J., treu, zuverlässig, kinderlieb, aktiv u. poitiv denkend, sucht nette Sie mit viel Niveau für eine faire Freundschaft. Großraum München. ☎ ZS3634833	**Junge Frau, 26 J.,** sucht auf diesem Weg aufr. u. zuverl. Partner bis 35 J. kennenzulernen unter ☎ ZS3640568 an SZ
Witwer, 80/168, gutauss., viels. interessiert, sucht gebildete, unabhängige Partnerin, im Raum München wohnend, zur Freizeitgestaltung. Zuschr. u. ☎ ZS3633892	**Frau von nebenan (28)** sucht Mann von nebenan. Bildzuschr. unter ☎ ZS3651388
	Attr(aktive) Sie, 29, 168, 55, gebildet, reiselustig, wünscht interessanten IHN bis 45 kennenzulernen. ☎ AS3643040

2. Schreiben Sie jetzt Ihre eigene Kontaktanzeige.

_____

_____

_____

_____

_____

_____

_____

_____

_____

_____

3. Suchen Sie eine interessante Person aus den obigen Kontaktanzeigen heraus. Schreiben Sie dieser Person einen Brief, in dem Sie sagen, wie Sie aussehen, was Sie machen und wofür Sie sich interessieren. Sagen Sie, warum Sie genau diese Anzeige beantworten, und nicht eine andere. Sagen Sie, was Ihre Pläne für die Zukunft sind und wie Sie über die heutige Welt denken. Stellen Sie der Person Fragen, über alles, was Sie von dieser Person wissen wollen.

Liebe/r _____ ,

_____

_____

_____

_____

_____

_____

_____

_____

_____

_____

_____

Dein/e _____

LÖSUNGSSCHLÜSSEL

EINFÜHRUNG A

Aufforderungen

Schriftliche Aktivitäten
TPR: 1. Lesen Sie!   2. Laufen Sie!   3. Hören Sie zu!   4. Schreiben Sie!   5. Springen Sie!

Hörverständnis
Aufforderungen: 1, 4, 5, 2, 6, 3, 9, 8, 7

Namen

Schriftliche Aktivitäten
Frau Schulz's Klasse: 1. Sie heißt Katrin.   2. Sie heißt Monika.   3. Sie heißt Nora.   4. Er heißt Peter.
5. Er heißt Stefan.   6. Er heißt Thomas.   7. Sie heißen Katrin, Heidi, Monika und Nora.   8. Sie
heißen Peter, Albert, Stefan und Thomas.

Hörverständnis
Namen der Studenten: 1. Heidi   2. Stefan   3. Monika   4. Gabi

Beschreibungen

Schriftliche Aktivitäten
A. Max: *a picture of your own*
B. Wie sind Sie? (*Answers will vary.*) 1. Ich bin . . .   2. Meine Augen sind . . .   3. Meine Haare
sind . . .   4. Meine Bluse / Mein Hemd / Mein T-Shirt ist . . .   5. Ich habe . . .

Hörverständnis
A. Beschreibungen: b

Kleidung

Schriftliche Aktivitäten
Buchstabensalat: Bluse, Jacke, Mantel, Krawatte, Schuhe, Hut, Rock, Hemd

Hörverständnis
Kleidung: 1. F   2. F   3. R   4. F   5. F

Farben

Schriftliche Aktivitäten
Welche Farbe ist das? 1. blau   2. grün   3. gelb   4. rosa   5. rot (grün)   6. schwarz/grau, weiß

Hörverständnis
Farben: 1. 4   2. 3   3. 6

Zahlen

Schriftliche Aktivitäten
Kreuzworträtsel

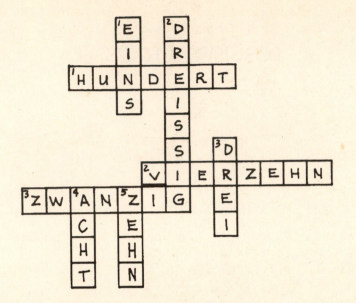

Hörverständnis
Zahlen: a. 52   b. 17   c. 69   d. 35   e. 26   f. 43   g. 95   h. 60   i. 16   j. 18   k. 80

Der Körper

Schriftliche Aktivitäten
Die Körperteile: 1. das Haar   2. der Arm   3. die Hand   4. der Fuß   5. die Nase   6. der Mund
7. die Augen   8. die Ohren

Hörverständnis
Der Körper: 1. die Schultern   2. die Nase   3. die Ohren   4. der Mund   5. der Arm   6. der Bauch
7. der Fuß   8. die Hand   9. das Bein

Begrüßen und Verabschieden

Schriftliche Aktivitäten
Kreuzworträtsel

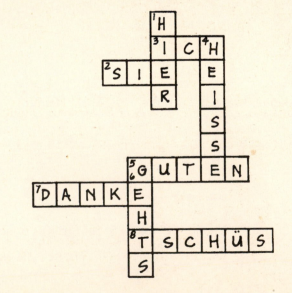

Hörverständnis

A. Dialog aus dem Text: Jürgen Baumann spricht mit einer Studentin: 1. R   2. R

B. Dialog aus dem Text: Frau Frisch ruft Herrn Koch an: 1. c   2. b   3. c

C. Dialog aus dem Text: Jutta trifft ihren Freund Jens: 1. c   2. a   3. d

D. Du oder Sie? 1. a. Sie   b. du   c. Sie   2. a. Sie   b. du   c. Sie

Aussprache und Orthographie

Orthographie

B. Diktat: 1. Sakko   2. Bluse   3. Brille   4. alt   5. lang   6. Anzug   7. Kleid   8. Schuhe   9. Jacke   10. Buch   11. Studentin   12. Ohren

Kulturecke

A. Vornamen: MÄDCHEN: Sarah, Vanessa, Katharina, Julia
JUNGEN: Alexander, Lukas, Maximilian, Daniel

B. Farben als Symbole: rot – die Liebe; weiß – die Unschuld; schwarz – die Trauer; blau – die Treue; grün – die Hoffnung; gelb – der Neid

C. Begrüßen und Verabschieden: 1. Guten Morgen   2. Grüß Gott   3. Tschüs, Servus, Bis bald, usw.   4. Auf Wiedersehen   5. [*your last name*]

Aufsatz-Training

Stefan's composition: Ich heiße Stefan. Ich bin Student. Ich habe blaue Augen und kurzes Haar. Ich trage eine schwarze Hose und ein blaues Hemd. Ich habe auch einen Bart und trage eine Brille.

EINFÜHRUNG B

Das Klassenzimmer

Schriftliche Aktivitäten

A. Buchstabensalat: Tür, Kreide, Stühle, Lampe, Fenster, Bücher, Wand, Tisch, Boden, Hefte, Tafel
Plural forms: 1. Türen   2. Kreiden   3. Lampen   4. Fenster   5. Wände   6. Tische   7. Böden   8. Tafeln
Classroom objects: 1. Stuhl   2. Buch   3. Heft

Hörverständnis

Das Klassenzimmer: 1. Stühle   2. Tische   3. Tafel   4. Papier   5. Stifte   6. Hefte   7. Schwamm   8. Kreide   9. Bücher   10. Computer

Eigenschaften

Hörverständnis

A. Dialog aus dem Text: Gabi spricht mit Jutta auf einer Party: 1. R   2. R   3. F

B. Dialog aus dem Text: Albert spricht mit Peter vor dem Unterricht: 1. glücklich   2. freundlich, optimistisch   3. d

C. Auf einer Party in Berkeley: PETER: nervös, schüchtern   SABINE: hübsch, intelligent, nett, schüchtern, sportlich

Die Familie

Schriftliche Aktivitäten

A. Rolfs Familie: 1. Vater   2. Tochter   3. Schwester   4. Großvater/Opa   5. Onkel   6. Großmutter/Oma   7. Bruder   8. Sohn   9. Mutter   10. Kusine   11. Mann

Hörverständnis
Die Familie: Mutter: Maria; Vater: Josef; Schwester: Diana; Brüder: Thomas, Paul

Wetter und Jahreszeiten

Schriftliche Aktivitäten
A. Wie ist das Wetter? 1. c   2. b   3. c   4. a
C. Heute ist der 26. Juli (*Possible answers*): 1. Es ist heiter.   2. Es ist wolkig und warm   3. Es ist bedeckt, aber nicht kalt.   4. Es ist schön und ziemlich warm.   5. Es ist schön.   6. Es schneit und ist kalt.   7. Es ist warm und wolkig.   8. Es regnet und ist etwas kühl.   9. Es ist wolkig.   10. Es ist wolkig.

Hörverständnis
A. Dialog aus dem Text: Das Wetter in Regensburg: 1. F   2. R   3. R
B. Die Wettervorhersage: 1. d   2. c   3. b   4. d   5. a   6. e   7. d
C. Das Wetter in Kalifornien: 1. F   2. R   3. F   4. F   5. R

Herkunft und Nationalität

Schriftliche Aktivitäten
Woher kommen diese Personen? Welche Sprache sprechen sie?: 1. Ralf Schumacher kommt aus Deutschland. Er spricht Deutsch.   2. Astrid Lindgren kommt aus Schweden. Sie spricht Schwedisch. 3. Marie Curie kommt aus Frankreich. Sie spricht Französisch.   4. Meine Mutter kommt aus . . . Sie spricht . . .   5. Mein Vater kommt aus . . . Er spricht . . .   6. Ich komme aus . . . Ich spreche . . .

Hörverständnis
A. Dialog aus dem Text: Woher kommst du? 1. New York   2. Regensburg
B. Herkunft und Nationalität: 1. Frankreich   2. Argentinien   3. Schweden   4. Spanien 5. England   6. den USA

Aussprache und Orthographie

Aussprache
A. 1. =   2. ≠   3. ≠   4. ≠   5. ≠   6. =   7. ≠   8. ≠
B. 1. kommen   2. sehen   3. Sommer   5. Sonne   6. Orthographie   7. Peter   8. Sabine   9. Berlin 10. Argentinien
C. 1ˢᵗ syllable stressed: Melanie, Peter, Jutta, Viktor.   2ⁿᵈ syllable stressed: Sabine, Teresa, Susanne, Helene.   3ʳᵈ syllable stressed: Katharina, Alexander.
D. 1. Peter ist Schweizer.   2. Teresa ist Französin.   3. Josef ist Deutscher.   4. Sabine ist Studentin. 5. Johannes und Susanne sind Studenten.   6. Lisa ist schüchtern.   7. Rolf ist nett.   8. Alexander ist optimistisch.

Orthographie
B. 1. D–d–S   2. s–S–S   3. K–S–S–k   4. W–g–e–I   5. G–e–I–g

Kulturecke
A. Temperaturen: 1. b   2. a   3. c   4. b   5. c   6. c   7. a   8. b
B. Lage, Klima und Wetter: 1. R   2. F   3. F   4. R   5. F   6. R
C. Deutschland und Europa: 1. c   2. c   3. a   4. b   5. a

Aufsatz-Training
A. Mein Klassenzimmer: In meinem Klassenzimmer ist ein Schwamm. Er ist schmutzig. In dem Klassenzimmer ist auch eine Lampe. Sie ist weiß. In dem Zimmer ist ein Fenster. Es ist offen. In der Klasse sind viele Studenten. Sie sind nett. Es ist eine schöne Klasse!

KAPITEL 1: WER ICH BIN UND WAS ICH TUE

Freizeit

Schriftliche Aktivitäten
Was ich gern mache (*Answers will vary*): 1. Ich spiele (nicht) gern Tennis. 2. Ich gehe (nicht) gern ins Restaurant. 3. Ich schwimme (nicht) gern im Meer. 4. Ich liege (nicht) gern in der Sonne. 5. Ich arbeite (nicht) gern für das Studium. 6. Ich telefoniere (nicht) gern mit Freunden. 7. Ich gehe (nicht) gern ins Kino. 8. Ich höre (nicht) gern Musik. 9. Ich spiele (nicht) gern Fußball. 10. Ich gehe (nicht) gern windsurfen.

Hörverständnis
A. Hobbys: NORA: windsurfen gehen, schwimmen, in den Bergen wandern
ALBERT: Mathematik studieren, in der Bibliothek arbeiten, in Yosemite zelten (in den Bergen wandern)
B. Freizeitpark Hansaland: 1. Schwimmen, Tennis, Squash 2. ja 3. keine Information

Schule und Universität

Hörverständnis
A. Dialog aus dem Text: Was studierst du? 1. F: Er kommt aus Deutschland. 2. F: Er studiert Psychologie.
B. Das Studium: KATRIN: 8.00 Deutsch, 9.00 Biologie, 13.00 Geschichte
THOMAS: 8.00 Deutsch, 10.00 Geschichte, 14.00 Psychologie

Tagesablauf

Hörverständnis
A. Bildgeschichte: Ein Tag in Sofies Leben: 2, 3, 6, 11, 9, 5, 7, 8, 4, 10, 1
B. Mein Tagesablauf: HEIDI: 6.30 aufstehen, 7.00 frühstücken, 7.20 Bus nehmen
PETER: 7.00 aufstehen, er frühstückt nicht, 7.35 Bus nehmen
C. Silvia arbeitet auf dem Bahnhof: 1. Hamburg, 7.10 2. Frankfurt, 20.00 3. München, 15.24
4. Düsseldorf, 13.15 5. Stuttgart, 16.05

Persönliche Daten

Schriftliche Aktivitäten
A. Wie sind die Fragen? 1. Woher kommen Sie? 2. Wo wohnen Sie? 3. Wie ist Ihre Adresse?
4. Wie ist Ihre Telefonnummer? 5. Wie alt sind Sie? 6. Wie viele Geschwister haben Sie? 7. Wo arbeiten Sie? 8. Sind Sie verheiratet? 9. Haben Sie einen Freund? 10. Wie heißt er?

Hörverständnis
A. Dialog aus dem Text: Auf dem Rathaus: Familienname: Staiger Vorname: Melanie
Adresse: Gesandtenstraße 8 Wohnort: Regensburg Telefon: 24352 Geburtstag: 3. April 1979
Beruf: Studentin
B. Rollenspiel: Im Auslandsamt: 1. Haben Sie Informationen über ein Auslandsstipendium?
2. (*Possible answers*) Wo möchten Sie denn gerne studieren? Was studieren Sie hier? Wie alt sind Sie? Kann ich Ihnen die Informationen mit der Post schicken? Wie ist Ihre Adresse? Kann ich bitte auch Ihre Telefonnummer haben?
C. Biographische Informationen: 1. b 2. Mittwoch, 8.00, 10.00 3. 11, Dresden 4. 21

Aussprache und Orthographie

Aussprache (1. Teil)
B.

5 Miene	6 Minne
3 Mehne	4 Menne
1 Mahne	2 Manne

C.

	1	2	3	4	5	6
Familie	Mahne	Mehne	Manne	Minne	Menne	Miene
Telefon	18 11 11	20 16 10	7 88 76 4	6 78 78 6	88 77 66	16 17 18

D. *long:* lesen, liegen, spielen, segeln, fliegen, studieren, fahren, gehen
   short: wandern, schwimmen, singen, tanzen, essen
F. 1. a. **a** b. **ah** c. **aa** 2. **a** 3. a. **e** b. **eh** c. **ee** 4. a. **e** b. **ä** 5. a. **i** b. **ie** c. **ieh** 6. **i**
G. *Long vowels:* a. doubling of vowels b. vowel + **h** c. **ie**
   Short vowels: vowels before double consonants

Orthographie (1. Teil)
A. 1. Krawatte 2. Brille 3. Sakko 4. Mantel 5. Jacke 6. Hemd
B. 1. Jahr 2. Tag 3. Abend 4. Zahl 5. zehn 6. viele

Aussprache (2. Teil)
B. 1. Was machst du heute Abend? ↓ 2. Du gehst ins Kino? ↑ 3. Und deine Schwester geht mit. ↓
   4. Ach so, → du . . . 5. Wo treffen wir uns? ↓ 6. Wo soll ich warten? ↑ 7. Und wann? ↑
   8. Gut. ↓ Ruf mich bitte noch mal an! ↓

Aussprache (3. Teil)
A. 1. Katrin 2. fahren 3. hören 4. Jahre 5. Ohren 6. Uhren

Orthographie (2. Teil)
A. 1. Frühling 2. Sommer 3. Herbst 4. Januar 5. Februar 6. April
B. 1. Gitarre 2. Armbanduhr 3. Ohrringe 4. Videorekorder 5. Rucksack 6. Freizeit 7. Reise
   8. Sport treiben 9. in den Bergen wandern 10. Motorrad fahren

Kulturecke
A. Deutschland (D) oder Amerika (USA)? D: 1, 4, 5, 6   USA: 2, 3, 7
B. Wer weiß—gewinnt! 1. b. 2. d 3. c 4. c 5. c 6. c 7. d 8. c 9. b

KAPITEL 2: BESITZ UND VERGNÜGEN

Besitz

Hörverständnis

A. Dialog aus dem Text: Stefan zieht in sein neues Zimmer: 1. morgen   2. Schlafsack, Gitarre, Wecker   3. $30   4. b

B. Alexanders Zimmer: 1. ein Bett   2. einen Schreibtisch   3. einen Schrank   4. ein Regal   5. eine Lampe   6. viele Bücher   7. eine Stereoanlage   8. einen Radiowecker   1. einen CD-Player   2. ein paar Poster

Geschenke

Hörverständnis

A. Dialog aus dem Text: Ein Geschenk für Josef: 1. R   2. F: Er spielt Gitarre und hört gern Musik   3. R

B. Geschenke: 1. a. ein Buch   b. ein Hemd   2. eine Katze   3. ein Fahrrad   4. einen Wecker

Geschmacksfragen

Hörverständnis

A. Ausverkauf im Kaufpalast: Elektroabteilung: Kassettenrekorder, Videorekorder; Schmuckabteilung: Ketten, Ringe, Armbänder, Ohrringe; Schuhabteilung: Winterstiefel, Kinderschuhe; Hobbyabteilung: Zelte, Campingstühle, Fahrräder, Skier

B. Das ist Geschmackssache! 1. billig   2. alt   3. schwarz und lang   4. hässlich   5. Gold   6. einen Nasenring

Vergnügen

Hörverständnis

A. Dialog aus dem Text: Was machst du heute Abend? 1. machst du, Ich weiß, Hast du, ist es   2. Schindlers Liste. Im Gloria. Um halb neun.

B. Bildgeschichte: Ein Tag in Silvias Leben: 1.   1. j   2. g   3. i   4. f   5. b   6. h   7. a   8. e   9. d   10. c

C. Rollenspiel: Am Telefon: 1. b, c, f   2. a, c, d, f

D. Ein echtes Vergnügen! 1. essen   2. geht, Museum   3. Fahrrad   4. treibt   5. spielt

Aussprache und Orthographie

Aussprache (1. Teil)
B.

7 Bomme	8 Bömme
5 Bühme	6 Buhme
3 Bohme	4 Bümme
1 Bumme	2 Böhme

C.

Familie	1	2	3	4	5	6	7	8
	Bumme	Bomme	Bömme	Bümme	Buhme	Bühme	Böhme	Bohme
Bücher	100	55	12	515	150	1000	5512	keine

E. 1. a. **o** b. **oh** c. **oo** 2. **o** 3. a. **u** b. **uh** 4. **u** 5. a. **ö** b. **öh** 6. **ö** 7. a. **ü** b. **üh** c. **y**
8. a. **ü** b. **y**
F. *Long vowels:* a doubling of vowels   b. vowel + **h**
Short vowels: vowels before double consonants
G. 1. Söhne 2. Töchter 3. Mütter 4. Brüder 5. Böden 6. Stühle 7. Bücher 8. Füße

Aussprache (2. Teil)
A. 1. eine 2. keiner 3. jede 4. welcher 5. lieber 6. Deutsche 7. Spieler 8. lese
B. Albert sagt-: In meinem Zimmer sind ein- Klavier, vier Bilder, ein- Wecker, eine Lampe, viele
Bücher, eine Gitarre, zwei Stühle, ein- Tisch-, ein- Regal- und ein- Schrank-.

Orthographie (2. Teil)
1. ihr 2. ihre 3. euer 4. eure 5. unser 6. unsere 7. keiner 8. keine 9. meine 10. meiner

Kulturecke
A. Wissenswertes zur deutschen Alltagskultur: 1. Briefkästen 2. Telefonkarte 3. ausschlafen
4. Euro 5. Brücken 6. Mark
B. Wer weiß—gewinnt! 1. d 2. c 3. a 4. d 5. a 6. d 7. b 8. d

Aufsatz-Training
A. Monika beschreibt Kevin: fährt, läuft, trifft, lädt, isst, sieht, liest, schläft, wäscht, vergisst

KAPITEL 3: TALENTE, PLÄNE, PFLICHTEN

Talente und Pläne

Hörverständnis
A. Hobbys: PETER: windsurfen   MONIKA: nicht stricken   NORA: Gitarre spielen   STEFAN: kochen
B. Pläne: 1. zwei 2. Italienisch 3. acht 4. nach Italien 5. Italienisch 6. kochen, Wein trinken
7. eine „Ente"

Pflichten

Schriftliche Aktivitäten
A. Lydia will fernsehen: a. darf b. musst c. muss d. kann e. musst f. darf g. dürfen

Hörverständnis
A. Dialog aus dem Text: Rolf trifft Karin in der Cafeteria: 1. F 2. R 3. F 4. F
B. Pflichten: 1. d 2. b 3. a 4. b 5. c 6. c

Ach, wie nett!

Hörverständnis
A. Dialog aus dem Text: Heidi sucht einen Platz in der Cafeteria: 1. Iowa City 2. Berkeley
3. F: Sie weiß noch nicht   4. F: Er will bei einer amerikanischen Firma arbeiten

B. Rollenspiel: In der Mensa: Hallo, ist hier noch frei?; Bist du nicht auch; Sag mal, du hast immer; Kommst du aus Amerika?; Studierst du schon lange; Kennst du das Nachtleben Heidelbergs schon?; Pass auf, ich lade dich heute Abend; Hast du morgen Abend Zeit?; du kannst mir ja deine Telefonnummer geben

C. Ach, wie nett! 1. schön 2. eine Geige 3. einen Apfel 4. Durst

Körperliche und geistige Verfassung

Hörverständnis

A. Der arme Herr Ruf: 1. a, c, e, f, g 2. a, c, e

Aussprache und Orthographie

Aussprache (1. Teil)

A. 1. Wenn ich Hunger habe / gehe ich / ins Restaurant. 2. Wenn ich Durst habe, / gehe ich / nach Hause. 3. Wenn ich müde bin, / gehe ich / ins Bett. 4. Wenn ich traurig bin, / gehe ich / zu meiner Freundin. 5. Wenn ich krank bin, / gehe ich / ins Krankenhaus. 6. Wenn ich Langeweile habe, / gehe ich / ins Museum.

B. 1. e: • • • ● ins Restaurant 2. b: • ● • nach Hause 3. a: • ● ins Bett 4. f: ● • • ● zu meiner Freundin 5. d: • ● • • ins Krankenhaus 6. c: • • ● • ins Museum

C. 1. Wenn ich H̲u̲nger habe, ge̲he̲ ich . . . ins Restaurant. 2. Wenn ich D̲u̲rst habe, ge̲he̲ ich . . . nach Hause. 3. Wenn ich mü̲de bin, ge̲he̲ ich . . . ins Bett. 4. Wenn ich tra̲u̲rig bin, ge̲he̲ ich . . . zu meiner F̲re̲undin. 5. Wenn ich kra̲nk bin, ge̲he̲ ich . . . ins Kra̲nkenhaus. 6. Wenn ich Lange̲we̲ile habe, ge̲he̲ ich . . . ins Museum.

Orthographie (1. Teil)

Lieber Peter, wie geht es dir? Ich bin nun schon seit zwei Wochen in Dallas. Ich wohne bei meinem Freund Kevin. Wir sind jeden Tag mit dem Auto unterwegs, denn es gibt hier so viel zu sehen. Leider muss ich schon am Sonntag zurück nach Wien. Und du? Wann sehen wir uns wieder? Deine Karin

Aussprache (2. Teil)

B. *Possible answers:* 1. Heute ist Freitag, der 9. Mai. 2. Paul steht um neun auf. 3. Er ist fleißig. 4. Er macht im Haus sauber. 5. Er räumt auf. 6. Er zeichnet, schreibt und geigt. 7. Um drei geht er zu Heiner ins Krankenhaus. 8. Er ist in Eile.

C. 1. Schweiz 2. Österreich 3. Deutschland 4. Steiermark 5. Bayern 6. Bayreuth 7. Augsburg 8. Kaiserslautern 9. Heidelberg 10. Graubünden 11. Neuenburg 12. Passau

D.

[ae̯]	[ao̯]	[ɔø̯]
Schw<u>ei</u>z	A<u>u</u>gsburg	D<u>eu</u>tschland
Österr<u>ei</u>ch	Kaisersl<u>au</u>tern	Bayr<u>eu</u>th
St<u>ei</u>ermark	Gra<u>u</u>bünden	N<u>eu</u>enburg
B<u>ay</u>ern	Pass<u>au</u>	
B<u>ay</u>reuth		
K<u>ai</u>serslautern		
H<u>ei</u>delberg		

Kulturecke

A. Deutschland, Österreich und die Schweiz: Hauptstadt: Berlin (D), Bern (CH); Einwohner: 8 Mio. (A), 7 Mio. (CH); Größe: 356.733 (D), 83.855 (A); Währung: Euro (A), Franken (CH); größte Stadt: Wien (A), Zürich (CH); größte Firma: Daimler-Chrysler (D), Nestlé (CH); Schriftsteller(in): Bertolt Brecht (D), Ingeborg Bachmann (A); Schauspieler(in): Marlene Dietrich (D), Klaus Maria Brandauer (A)

B. Wer weiß—gewinnt! 1. a 2. b 3. a 4. d 5. c 6. b 7. c 8. d 9. b 10. a

Aufsatz-Training

A. Hans Ruf muss fleißiger arbeiten: 1. b 2. c 3. a 4. e 5. d

KAPITEL 4: EREIGNISSE UND ERINNERUNGEN

Tagesablauf

Schriftliche Aktivitäten

A. Kreuzworträtsel: Das Perfekt

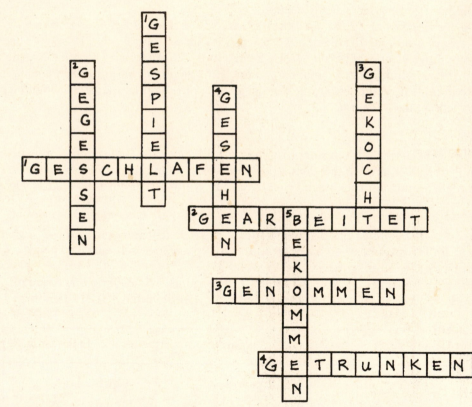

B. Sofie und Willi sind ins Kino gegangen: 1. gegangen 2. gesehen 3. gegessen 4. spazieren gegangen 5. gefunden 6. geschlafen

Hörverständnis

A. Dialog aus dem Text: Das Fest: Bist du wieder so spät ins Bett gegangen?; Wo warst du denn so lange?; Bis um 4 Uhr früh?; Kein Wunder, dass du müde bist.
B. Jutta hatte einen schweren Tag: 1. a 2. e 3. g 4. c 5. d 6. f 7. a 8. b
C. Stefan weiß mehr, als er glaubt: 2, 4, 6

Erlebnisse anderer Personen

A. Dialog aus dem Text: Hausaufgaben für Deutsch: GEMACHT: Musik gehört, gestrickt, gesprochen und ferngesehen, spazieren gegangen, ein Picknick gemacht
NICHT GEMACHT: Hausaufgaben für Deutsch, Mathe

B. Bildgeschichte: Richards Wochenende: a. aufgestanden b. geduscht c. gefrühstückt d. genommen e. gefahren f. geparkt g. getroffen h. gegangen i. geschwommen j. gegessen k. gespielt l. getrunken m. gelegen n. gefahren o. ferngesehen

C. Erlebnisse: 1. bin, gefahren 2. geschwommen, gegessen, gelacht 3. habe, gearbeitet 4. eingekauft, gearbeitet 5. habe, gelernt, fertig gemacht
1. R 2. F 3. F

Geburtstage und Jahrestage

Schriftliche Aktivitäten

A. Geburtsdaten: 1. Stefan ist am vierten Februar geboren. 2. Frau Schulz hat am 12. März Geburtstag. 3. Heidi ist am dreiundzwanzigsten Juni geboren. 4. Monika hat am neunzehnten November Geburtstag. 5. Albert ist am dreiundzwanzigsten Dezember geboren.

Hörverständnis

A. Dialog aus dem Text: Welcher Tag ist heute? 1. am dreißigsten Mai 2. im August 3. nein
B. Informationsspiel: Wer? Benz, Röntgen, Ernst Wann? 1895, um 8

Ereignisse

Schriftliche Aktivitäten

A. Eine Kurzreise: 1. — 2. Am 3. um 4. um 5. Am 6. im 7. Um 8. Am 9. am 10. um 11. in 12. im
B. Was haben Sie schon mal gemacht? 1. repariert 2. telefoniert 3. fotografiert 4. probiert 5. bekommen 6. verdient 7. verschlafen 8. vergessen 9. erfunden 10. erzählt

Hörverständnis

A. Rollenspiel: Das Studentenleben: 1. Guten Tag, ich mache ein Interview zum Thema „Studentenleben in den USA". Darf ich Ihnen ein paar Fragen stellen? 2. a. Arbeiten Sie am Wochenende auch in der Uni? b. Was haben Sie denn gestern Morgen gemacht? c. Ist das ein typischer Vormittag für einen Studenten? d. Darf ich Sie jetzt fragen, was Sie gestern Nachmittag gemacht haben?
B. Ein schöner Urlaub: 1. F: Sie hat während des Semesters gearbeitet 2. F: Sie ist in Regensburg geblieben 3. R 4. R 5. R

Aussprache und Orthographie

Aussprache (1. Teil)

A. *Separable prefix (prefix stressed):* <u>an</u>sehen, <u>an</u>ziehen, <u>ein</u>steigen, <u>mit</u>bringen, <u>aus</u>sehen, <u>an</u>fangen
Inseparable prefix (verb stem stressed): ver<u>steh</u>en, unter<u>schrei</u>ben, ent<u>deck</u>en, er<u>zähl</u>en, über<u>set</u>zen, be<u>ginn</u>en

B.

Derived Noun	Verb	Third-Person Plural
Anfang	anfangen	sie fangen an
Bezahlung	bezahlen	sie bezahlen
Vorlesung	vorlesen	sie lesen vor
Einladung	einladen	sie laden ein
Unterschrift	unterschreiben	sie unterschreiben
Einkauf	einkaufen	sie kaufen ein
Übersetzung	übersetzen	sie übersetzen
Anzug	anziehen	sie ziehen an
Beschreibung	beschreiben	sie beschreiben
Beginn	beginnen	sie beginnen

C. der Tennisschläger, das Autotelefon, der Fußball, das Motorrad, das Wörterbuch, die Armbanduhr, die Videokamera, der Sommerkurs, das Studentenleben

Orthographie (1. Teil)
A. 1. die Studenten leben   2. das Studentenleben   3. zusammen hier sein   4. das Zusammensein
5. wir fahren übermorgen   6. wir fahren über Wien   7. noch mehr Wasser bitte   8. das
Meerwasser   9. das Buch ist einfach   10. das ist ein Fachbuch

Aussprache (2. Teil)
A. **ach**-*sounds:* Woche, Fach, Sprache, Buch, Bauch
ich-*sounds:* wöchentlich, Fächer, sprechen, Bücher, Bäuche, richtig, leicht
ach-*sounds:* after **a, o, u, au**
ich-*sounds:* after all other vowels and diphthongs
B. 1. wichtig   2. langweilig   3. billig   4. lustig   5. Bücher   6. Gedichte   7. Geschichten
8. Gespräche

Orthographie (2. Teil)
A. 1. griechisch   2. tschechisch   3. schwedisch   4. schweizerisch   5. österreichisch   6. Geschichte
7. Wirtschaftsdeutsch   8. Unterrichtsfächer   9. Schreibmaschine   10. Bücherschrank
B. 1. hässlich   2. langweilig   3. schwierig   4. ziemlich   5. beschäftigt   6. glücklich   7. eigentlich
8. fertig   9. möglich   10. traurig

Kulturecke
A. Universität und Studium in den USA und in Deutschland (D): D: 1, 4, 6, 9, 10   USA: 2, 3, 5, 7, 8
B. Wer weiß—gewinnt! 1. a   2. c   3. d   4. d   5. c   6. c   7. a   8. d   9. c   10. b

Aufsatz-Training
A. Huberts Tagesablauf: 1. c   2. d   3. a   4. b

KAPITEL 5: GELD UND ARBEIT

Geschenke und Gefälligkeiten

Schriftliche Aktivitäten

B. Wer, wen oder wem? 1. Wen hast du besucht? 2. Wem hat sie ein Buch gegeben? 3. Wer hat deiner Tante Witze erzählt? 4. Wen hat deine Tante nicht hören können?

Hörverständnis

A. Bildgeschichte: Josef kauft Weihnachtsgeschenke: 1b. seinem Vater 1c. seiner Mutter 1d. seinem Bruder 1e. seiner Schwester 1f. seinem Großvater/Opa 1g. seiner Großmutter/Oma 1h. seiner Freundin Melanie

B. Geschenke: 1. F 2. F 3. F 4. R 5. F 6. F 7. F 8. R

C. Gefälligkeiten: 1. c 2. d 3. a 4. f

Berufe

Schriftliche Aktivitäten

A. Kreuzworträtsel

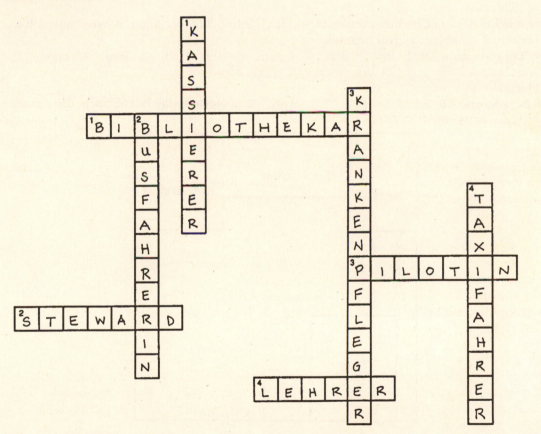

B. Was werden Sie? 1. Ernst wird Polizist. 2. Sigrid und Helga werden Stewardessen. 3. Jutta wird Friseurin. 4. Thomas wird Koch. 5. Katrin wird Reporterin. 6. Silvia wird Professorin/Lehrerin. 7. Jens wird Mechaniker. 8. Peter wird Arzt. 9. Melanie wird Architektin.

Hörverständnis

A. Bildgeschichte: Was Michael Pusch schon alles gemacht hat: 1a. hat er seinen Nachbarn den Rasen gemäht 2b. hat er Zeitungen ausgetragen 3c. hat er dem Jungen von nebenan Nachhilfe in Mathematik gegeben 4d. war er erstmal arbeitslos 5e. hat er als Koch gearbeitet 6f. hat er als Taxifahrer gearbeitet   7g. hat er Maria kennen gelernt   8h. hat er in einem Schwimmbad als Bademeister gearbeitet   9i. hat er Versicherungen verkauft

B.   Der neue Trend: „Kombi-Berufe": 1. Medizin   2. Kunst   3. Ökonom   4. Ökonomin   5. 40   6. Sportler   7. Freizeit   8. arbeiten   9. Universität   10. studieren   11. Fremdsprachen   12. Sportverein

Arbeitsplätze

Hörverständnis

A.   Rollenspiel: Bei der Berufsberatung: 1. Bitte setzten Sie sich! Was kann ich für Sie tun?   2. Wann machen Sie denn die Matura? Haben Sie besondere Interessen oder Kenntnisse? Möchten Sie studieren oder lieber eine Lehre machen? Haben Sie irgendwelche Lieblingsfächer, besondere Fähigkeiten?   3. a. Jetzt noch gar keine.   b. Die Berufsberaterin gibt Richard Informationsmaterial mit und sagt ihm, er soll in drei bis vier Wochen wiederkommen.

B.   Berufe erraten: Stefan: Lehrer; Heidi: In einem Krankenhaus, Ärztin; Peter: im Rathaus, an einer Universität oder in einem Büro, am Theater

In der Küche

Schriftliche Aktivitäten

A.   In der Küche: Küche, Geschirrspülmaschine, Herd, Schublade, Backofen, Fensterbank, Wasserhahn, Spülbecken, Küchenlampe, Kühlschrank

B.   Jeden Tag eine gute Tat! 1. ihr   2. ihm   3. ihnen   4. ihm   5. ihr   6. ihm   7. ihnen

Hörverständnis

A.   Josef Bergmanns Küche: 1. d.   2. e   3. f   4. h   5. a   6. g   7. c   8. b

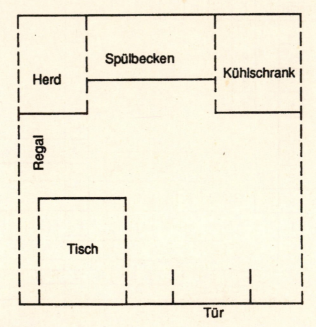

Aussprache und Orthographie

Aussprache (1. Teil)

A.   1. Eine Urkunde für ungewöhnliche Leistungen.   2. Urlaub in Ungarn.   3. Das Wetter ist sehr unfreundlich—eine richtiges Unwetter.   4. Ein unglücklicher Unfall.   5. Ein unsympathischer Unbekannter.   6. Auch Paul ist ungeduldig und unhöflich.

B.   1. Adresse (≠)   2. Zigarette (≠)   3. robust (=)   4. Idee (=)   5. defekt (≠)   6. Aristokrat (≠)   7. Akzent (≠)   8. Person (≠)   9. Kontakt (≠)   10. Romanze (≠)

C. *Stress on first syllable:* Urlaub, Unfall
Stress on second-to-last syllable: interessieren, Professorin, Professor, Cafeteria, Grammatik
Stress on last syllable: Polizei, Universität, Information, Biologie, Chemie, Physik, Religion, Mathematik, Kultur

D. *Possible answers:* Ich interessiere mich für den Urlaub, für den Unfall, für die Professorin, für den Professor, für die Polizei, für die Universität, für die Information, für (die) Biologie, für (die) Chemie, für (die) Physik, für (die) Religion, für (die) Mathematik, für die Cafeteria, für (die) Grammatik, für (die) Kultur

Orthographie (1. Teil)
1. funktionieren   2. Situation   3. religiös   4. Hobby   5. Ski   6. Disko   7. Gymnasium   8. Café
9. Thema   10. Ingenieur

Orthographie (2. Teil)
1. wertvoll   2. gelb   3. viel   4. alle   5. intelligent   6. alt   7. schnell   8. kalt   9. halb   10. billig

Kulturecke
A. Ausbildung und Beruf: 1. a   2. c   3. c   4. b   5. b   6. d   7. d   8. c   9. c   10. c
B. Wissenswertes zur deutschen Kultur: 1. Advent   2. Christkind   3. Studium   4. 18. Jahrhundert
5. Pianistin und Komponistin   6. in ganz Europa   7. über 800 Jahre   8. 1409   9. Buchmesse
10. Friedensgebete und Demonstrationen

Aufsatz-Training
Jobsuche: STELLE: Koch/Köchin, Kellner/Kellnerin, Telefonist/Telefonistin; QUALIFIKATION: Erfahrung in französischer Küche; BEZAHLUNG: gut, gut; UNTERBRINGUNG: Wohnung in der Nähe des Hotels, im Angestelltentrakt; SONSTIGES: fünf Wochen Urlaub im Jahr, Verpflegung in der Kantine, Organisationstalent erwünscht

KAPITEL 6: WOHNEN

Haus und Wohnung

Schriftliche Aktivitäten
A. Kreuzworträtsel

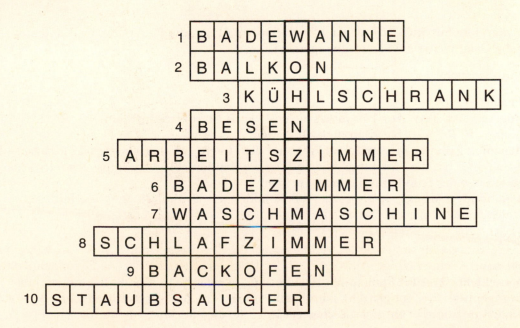

1. BADEWANNE
2. BALKON
3. KÜHLSCHRANK
4. BESEN
5. ARBEITSZIMMER
6. BADEZIMMER
7. WASCHMASCHINE
8. SCHLAFZIMMER
9. BACKOFEN
10. STAUBSAUGER

A. Ein alter Nachbar: 1. Sie haben ein neues Haus gekauft. 2. schöne Gegend, zentral, größer als das alte 3. ungefähr 20 Jahre

4.
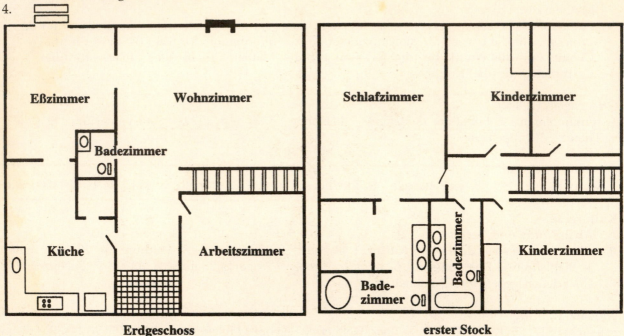

Erdgeschoss   **erster Stock**

B. Alte Möbel: 1. im Esszimmer 2. nein 3. aus Holz 4. antike 5. Esszimmerschrank: von ihrer Schwester, Stühle: von ihrer Nichte und ihrem Mann

Das Stadtviertel

Schriftliche Aktivitäten

B. Jürgen hat heute viel zu tun: 1. Er geht um 14.00 Uhr in die Universität. 2. Er geht um 16.00 Uhr in die Bibliothek. 3. Er geht um 16.20 Uhr zur Post / auf die Post. 4. Er fährt um 16.45 Uhr zur Tankstelle. 5. Er geht um 17.00 Uhr in ein Restaurant. 6. Er geht um 19.00 Uhr ins Kino. 7. Er fährt um 21.00 Uhr nach Kassel.

Hörverständnis

A. Ein Interview mit Richard: zur Bank, zum Supermarkt, in die Reinigung, ins Kaufhaus was die Österreicher am Samstagmorgen machen

Auf Wohnungssuche

Hörverständnis

A. Dialog aus dem Text: Auf Wohnungssuche: 1. F: Es ist in Frankfurt-Süd. 2. R 3. R 4. F: Es ist möbliert. 5. R 6. F: Sie kommt gleich vorbei.

B. Rollenspiel: Zimmer zu vermieten: Während des Hörens (*questions from model dialogue*)—Wie viel Quadratmeter hat die Wohnung? Wie hoch ist die Kaution? Bis wann muss ich mich entscheiden? Kann ich in einer Stunde noch einmal anrufen?

C. Die Wohnungssuche: 1. kaufen 2. groß, komfortabel 3. drei, Küche 4. Herd, Geschirrspülmaschine 5. Parkplatz

Hausarbeit

Hörverständnis

A. Bildgeschichte: Der Frühjahrsputz: 1b. die Terrasse gefegt 1c. den Keller aufgeräumt 1d. die Fenster geputzt 1e. im ganzen Haus Staub gesaugt 1f. die Flaschen weggebracht 1g. sein Zimmer aufgeräumt 1h. das Geschirr gespült 1i. abgetrocknet 1j. ferngesehen

B. Die Hausarbeit: 1. a, d, f, h, i   2. Die Deutschen putzen sehr viel.

Aussprache und Orthographie

Aussprache (1. Teil)
A.

Jẹns	Drẹsden	Bạ̈cker	ẹssen, Freunde trẹffen
Mẹhmẹt	Brẹmen	Fẹrnsẹhreporter	fẹrnsẹhen
Kẹn	Gẹra	Apothẹker	lẹsen, zelten
Pẹggy	Bẹrn	Lẹhrerin	sẹgeln, Tẹnnis spielen

Orthographie (1. Teil)
A. 1. Energieprobleme   2. Rechenfehler   3. Ferienerlebnisse   4. Essecke   5. Fernsehfilme
   6. Festredner   7. Lebensmittelgeschäfte   8. Menschenrechte   9. Nebenfächer   10. Rechtsanwälte

Aussprache (2. Teil)
A. die Waschmaschine, der Kindergarten, die Zentralheizung, der Frühjahrsputz, der Staubsauger, das
Reisebüro, die Innenstadt, das Schreibwarengeschäft, der Wohnzimmertisch, die Bushaltestelle
B. 1. die Waschmaschine (short)   2. der Kindergarten (short)   3. die Zentralheizung (long)   4. der
Frühjahrsputz (long)   5. der Staubsauger (long)   6. das Reisebüro (long)   7. die Innenstadt
(short)   8. das Schreibwarengeschäft (long)   9. der Wohnzimmertisch (long)   10. die
Bushaltestelle (short)
C. *Possible answers:* 1. in der Waschmaschine   2. im Kindergarten   3. für die Zentralheizung
   4. zum Frühjahrsputz   5. im Staubsauger   6. zum Reisebüro   7. in der Innenstadt   8. im
Schreibwarengeschäft   9. auf dem Wohnzimmertisch   10. an der Bushaltestelle
D. Im Südosten bleibt es kalt. Die Tagestiefsttemperatur liegt bei minus 3 Grad Celsius. Im Südwesten
wird es freundlicher, die Tageshöchsttemperatur erreicht 15 Grad Celsius. Aber auch hier wird in
den nächsten. Tagen der Nordostwind stärker und es fällt Schneeregen.

Orthographie (2. Teil)
A. 1. achthundertzwölf   2. sechshundersiebenundneuzig   3. neunzenhundertsechsundvierzig
   4. achtzehn Uhr   5. zweiundzwanzig Uhr siebenunddreißig   6. zweihundertsiebzehn
   7. neunundzwanzig   8. vierzehnhundertzweiundreißig   9. sieben Uhr sechzehn
   10. achthundertelftausend

Kulturecke
A. Wohnen in den USA und in Deutschland (D): USA: 1, 2, 4, 8, 9   D: 3, 5, 6, 7
B. Wer weiß—gewinnt! 1. d   2. c   3. a   4. c   5. d   6. c   7. a   8. b   9. a
C. Baustile: 1. Renaissance   2. Klassizismus   3. Fachwerk   4. Bauhaus   5. Barock
   6. Backsteingotik
D. Der Erlkönig: 1. V, S, S, V, E, S, S, E, S, V, E, S   2a. V   2b. V   2c. S   2d. E   2e. E   2f. E   2g. V
2h. E   2i. S   2j. V   2k. E   2l. V   3. 7, 3, 2, 1, 6, 5, 4

Geographie

Schriftliche Aktivitäten

A. Kreuzworträtsel: Geographische Begriffe

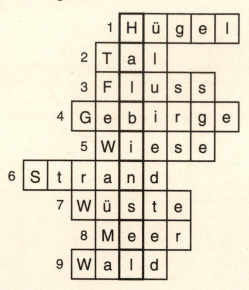

Das Lösungswort heißt Halbinsel.

B. Satzpuzzle: 1. Das ist der Berg, auf dem ich gewohnt habe.   2. Das ist das Tal, in dem ich gearbeitet habe.   3. Das ist das Kind, das jeden Tag im See geschwommen ist.   4. Das ist der Fluss, der durch das Tal fließt.   5. Das ist ein Wald, den ich besucht habe.

C. Orte: 1. Das ist der längste Fluss der Welt.   2. Das ist der höchste Berg der Welt.   3. Das ist der größte Kontinent der Welt.   4. Das ist das tiefste Tal Nordamerikas.   5. Das ist die größte Stadt der Welt.

Hörverständnis

A. Geographie: eine Insel: England; ein Wald: Sherwood Wald; ein Tal: Rheintal; eine Halbinsel: arabische; ein Gebirge: die Alpen; eine Wüste: Sahara; ein Meer: das Tote Meer; eine Straße: die Champs Elysées, der Kurfürstendamm, der Broadway, die Isabellastraße

Transportmittel

Schriftliche Aktivitäten

A. Womit fahren Sie? (*Possible answers*): 1. mit der U-Bahn   2. mit dem Flugzeug   3. mit dem Schiff   4. mit dem Taxi   5. mit dem Fahrrad   6. mit der Rakete   7. mit dem Lastwagen   8. mit dem Bus   9. mit dem Zug   10. mit der Seilbahn   11. mit dem Fahrstuhl   12. mit der Gondel   13. mit dem Schlauchboot

B. Was ist logisch? 1. b   2. g   3. c   4. j   5. h   6. f   7. i   8. e   9. a   10. d

Hörverständnis

A. Dialog aus dem Text: Im Reisebüro in Berlin: 1. R   2. F   3. R   4. F

B. Rollenspiel: Am Fahrkartenschalter. Vor dem Hören: Den RE (Regional-Express) um 4.18 Uhr. Während des Hörens: Den ICE um 8.14 Uhr; 147 Euro; um 14.57 Uhr

C. Transportmittel: Flugzeug: schnell, teuer; Bahn: billiger, nicht billig genug; Bus: billig, eng; Mitfahrzentrale: billig, dauert lange

Das Auto

Schriftliche Aktivitäten

A. **Was macht man mit diesen Teilen des Autos?** (*Answers will vary*): 1. die Bremsen: Damit hält man das Auto an. 2. der Kofferraum: Darin verstaut man die Koffer. 3. die Scheibenwischer: Damit wischt man die Scheiben. 4. die Sitze: Darauf setzt man sich. 5. das Autoradio: Damit hört man Musik und Nachrichten. 6. die Hupe: Damit warnt man andere Leute.

B. **Melanie will nach Hamburg fahren:** 1. Womit fährst du nach Hamburg? 2. Worauf freust du dich? 3. Wovon handelt das Musical? 4. Wofür brauchst du den großen Koffer? 5. Worum soll ich mich kümmern? 6. Na klar, und woran soll ich noch denken?

C. **Quiz: Womit? Wofür? Woran? Worauf?** 1. Womit bremst man? Mit der Bremse. 2. Wofür braucht man Scheibenwischer? Für saubere und trockene Scheiben. 3. Woran sieht man, woher das Auto kommt? An dem Nummernschild. 4. Womit hört man Musik im Auto? Mit dem Autoradio. 5. Womit fährt das Auto? Mit Benzin. 6. Worauf setzt man sich? Auf die Sitze.

Hörverständnis

A. **Der New Beetle:** 1, 3, 4, 5, 8, 9, 10, 11, 12

B. **Josef will ein Auto kaufen:** Baujahr: 1992; Kupplung: fast neu; Bremsen: noch sehr gut; Karosserie: in sehr gutem Zustand; Autoradio: nein, ausgebaut; Preis: 3000.-Euro.

Reiseerlebnisse

Schriftliche Aktivitäten

Familie Wagner in Spanien: 1. Die Wagners sind oft an den Strand gegangen. 2. Herr Wagner hat viel geschlafen. 3. Frau Wagner hat Bilder gemalt. 4. Andrea hat Comics gelesen. 5. Paula hat Burgen aus Sand gebaut. 6. Ernst hat Fußball gespielt. 7. Jens ist surfen gegangen. 8. Abends sind alle zusammen essen gegangen.

Hörverständnis

A. **Bildgeschichte: Stefans Reise nach Österreich:** a. 5 b. 3 c. 2 d. 4 e. 6 f. 9 g. 8 h. 7 i. 1

B. **Reiseerlebnisse:** 1. Am Strand liegen, attraktive Männer beobachten 2. Auf den Champs-Elysées bummeln, Modegeschäfte ansehen, in den Louvre gehen 3. Lange Spaziergänge am Strand machen 4. Es wird immer teuer

C. **Sommerskifahren in der Schweiz:** 1. J 2. C 3. C 4. J 5. J 6. J 7. C 8. C 9. C

Aussprache und Orthographie

Aussprache (1. Teil)

A. *Fortis:* [p] Hupe, [t] Tank, [k] Koffer, [f] Feld, [s] Fluss, [ʃ] Tasche, [ç] Richtung, [x] Nacht
Lenis: [b] Bus, [d] Dank, [g] Gang, [v] Welt, [z] Insel, [ʒ] Garage, [j] Jacht, [r] Rad

D. 1. der Strand 2. der Wald 3. das Feld 4. das Schild 5. das Rad 6. das Flugzeug 7. der Zug 8. das Haus

G. 1. lesen, liest, las, gelesen 2. reisen, reist, reiste, gereist 3. leben, lebt, lebte, gelebt 4. geben, gibt, gab, gegeben 5. erlauben, erlaubt, Erlaubnis 6. lieb, lieber, am liebsten 7. Norden, nördlich, Süden, südlich 8. aber, ab, wegen, weg 9. halb, halbe, deshalb, weshalb 10. Stunde, stündlich, Tag, täglich

Orthographie (1. Teil)

1. unterwegs 2. Halbinsel 3. Stadtrundfahrt 4. Kinderwagen 5. Radweg 6. Bundesland 7. Wochenendticket 8. Sandstrand 9. Papierkorb 10. Samstagabend

Orthographie (2. Teil)

1. Bayern 2. Thüringen 3. Sachsen 4. Rheinland-Pfalz 5. Kärnten 6. Salzburg 7. Steiermark 8. Wallis 9. Graubünden 10. Luzern

Kulturecke

A. Ratespiel: Stadt, Land, Fluss: 1. Genfer See 2. Großglockner 3. Hamburg 4. Heidelberg 5. Liechtenstein 6. Donau 7. Teutoburger Wald 8. Rügen 9. Brocken 10. Bodensee 11. Ostfriesische Inseln 12. Rhein

B. Kennen Sie Österreich? 1. c 2. a 3. b 4. c 5. a 6. d 7. a 8. b 9. c 10. b 11. b 12. c

C. Deutschlandreise: 1. Greifswald 2. Potsdam 3. Wernigerode 4. Weimar 5. Leipzig 6. Dresden 7. Bayreuth 8. Regensburg 9. Augsburg 10. Karlsruhe 11. Heidelberg 12. Freiburg 13. Saarbrücken 14. Mainz 15. Frankfurt am Main 16. Kassel 17. Düsseldorf 18. Köln 19. Hannover 20. Kiel

D. *Mondnacht:* 1. 1. f 2. e 3. c 4. b 5. g 6. d 7. a **2.** Himmel: fliegen, Luft, Mond, Seele, Sterne; Erde: Blüten, Felder, Land, Wälder **3.** Sommer; Stichwörter: Blüten, Ähren wogen auf den Feldern, Wälder rauschen (Blätter)

Aufsatz-Training

A. Eine Postkarte aus dem Urlaub: ☺ die Stadt, die Jugendherberge, die Leute ☹ das Wetter, das Essen

KAPITEL 8: ESSEN UND EINKAUFEN

Essen und Trinken

Hörverständnis

Gesünder leben: 1. a. 5 b. 3 c. 7 d. 1 e. 4 f. 6 g. 2 h. 8 2. a. J b. M c. M d. M e. J f. J g. M h. J

Haushaltsgeräte

Schriftliche Aktivitäten

A. In der Küche: 1. in den Besteckkorb 2. in den Abfalleimer 3. in die Waschmaschine 4. in die Obstschale 5. in den Brotkorb 6. ins Kochbuch 7. in die Vase 8. in die Schublade

Hörverständnis

Werbung für Haushaltsgeräte: Wäschetrockner: 1. zart 2. pflegen 3. brauchen 4. stark 5. fünf Fön: 1. trocknen 2. Temperatur 3. warm 4. Wind 5. zwölf 6. kühl 7. Frisur

Einkaufen und Kochen

Schriftliche Aktivitäten

A. Sie haben Freunde eingeladen: 1. Die Teller stelle ich auf den Tisch. 2. Die Servietten lege ich auf die Teller. 3. Die Kerze stelle ich in die Mitte. 4. Die Gabeln lege ich neben die Messer. 5. Die Löffel lege ich auf die andere Seite. 6. Das Brot lege ich in den Brotkorb. 7. Den Stuhl stelle ich an das Fenster. 8. Den Käse lege ich auf den Teller. 9. Die Schuhe stelle ich auf den Balkon. 10. Die Pullover hänge ich in den Schrank. 11. Den Wein stelle ich in den Kühlschrank. 12. Die Schnitzel lege ich in die Pfanne.

B. Der Tisch ist gedeckt: 1. Die Tischdecke liegt auf dem langen Tisch. 2. Die Teller stehen auf der weißen Tischdecke. 3. Die Gabeln liegen rechts neben den großen Tellern. 4. Die Messer liegen rechts neben den silbernen Gabeln. 5. Das Weinglas steht neben dem sauberen Wasserglas. 6. Der Blumenstrauß steht zwischen den roten Kerzen. 7. Die Löffel liegen auf den gelben Servietten. 8. Der Gast sitzt auf dem bequemen Stuhl.

Hörverständnis

A. Bildgeschichte: Michaels bestes Gericht: 8; 4: schlägt; 3: schneidet; 2: schneidet; 5: würzt; 6: erhitzt; 7: gibt, bräunt; 1: wäscht; 10: bestreut; 9: gießt

B. „Allkauf"-Supermarkt: 7,45 Euro; 8,10 Euro; 11,50 Euro; 2,95 Euro; 4,45 Euro; 2,99 Euro

Im Restaurant

Schriftliche Aktivitäten

A. Mahlzeiten und Getränke: 1. -en, A, M   2. -er, D, F   3. -e, A, Pl   4. -en, A, M   5. -em, D, M   6. -er, D, F   7. -en, A, M   8. -e, A, F   9. -es, A, N   10. -er, N, M   11. -er, N, F   12. -en, D, Pl   13. -en, A, M   14. -es, A, N

B. Herr und Frau Wagner haben morgen Hochzeitstag: 1. Also, ich werde mit den Tomaten in Öl anfangen.   2. Nein, das ist mir zu fettig. Als Vorspeise werde ich Schinken und Oliven nehmen.   3. Hmm lecker. Ich werde eine große Pizza mit Salami und Pilzen bestellen.   4. Gut, und ich werde grüne Spaghetti mit Krabben essen.   5. Wir werden eine Flasche Rotwein trinken, was meinst du?   6. Ja, und wir werden einen starken Espresso trinken.   7. Mein Bauch wird weh tun!   8. Ach was, der Abend ohne die Kinder wird sehr ruhig und gemütlich werden.

Hörverständnis

A. Dialog aus dem Text: Melanie und Josef gehen aus: 1. Melanie: Mineralwasser; Josef: Bier   2. Melanie: Rumpsteak mit Pilzen und Kroketten; Josef: Forelle „blau" mit Kräuterbutter, grünem Salat und Salzkartoffeln

B. Bildgeschichte: Herr und Frau Wagner waren gestern im Restaurant: 1. d   2. g   3. h   4. k   5. f   6. l   7. j   8. c   9. i   10. b   11. e   12. a

C. Rollenspiel: Im Restaurant: Während des Hörens: die Speisekarte haben; etwas zu trinken bringen; Haben Sie schon etwas gefunden?; Ich nehme; Gern; Zahlen, bitte; Das war einmal; Stimmt

D. In einem exklusiven Restaurant: 1. einen Salat, Rinderfilet   2. eine Fischsuppe, Rinderfilet   3. es ist ausgezeichnet, der Chefkoch wählt es selber aus, bereitet es sorgfältig zu   4. „Wir servieren das beste Fleisch in der Stadt."   5. „Das Fleisch war ganz frisch und die anderen Zutaten auch."   6. Sie hat kein Messer.

E. Im Restaurant: 1. Einen schönen Mantel   2. dunkelviolett   3. einen guten Geschmack   4. Scampi   5. Filetsteak   6. Espresso   7. Er hat sein Portmonee zu Hause auf dem Tisch liegen lassen.   8. „Ich leg' dir das Geld aus."   9. Sie soll ihm das Geld unter dem Tisch geben.

Aussprache und Orthographie

Aussprache (1. Teil)

B. 1. wohnen: die Wohnung – die Wohnungen   2. einladen: die Einladung – die Einladungen   3. untersuchen: die Untersuchung – die Untersuchungen   4. vorlesen: die Vorlesung – die Vorlesungen   5. erzählen: die Erzählung – die Erzählungen   6. bestellen: die Bestellung – die Bestellungen   7. entschuldigen: die Entschuldigung – die Entschuldigungen   8. wandern: die Wanderung – die Wanderungen

Orthographie (1. Teil)

1. Inge   2. Ingo   3. Anke   4. Angelika   5. Ringo   6. Angela   7. Wolfgang   8. Frank

Aussprache (2. Teil)

A. 1. im Ei   2. an Ina   3. an Herrn Adler   4. von Annett   5. beim Essen   6. delikat essen

B. 1. zum Frühstück ein Ei   2. Salat mit Olivenöl   3. Suppe mit Erbsen   4. Äpfel und Orangen   5. ein Eisbecher mit Erdbeeren   6. Essig am Essen

Orthographie (2. Teil)

1. In Ulm und um Ulm und um Ulm herum.   2. Essig ess ich nicht. Ess ich Essig, ess ich Essig nur im Salat.

Kulturecke

A. Restaurants in den USA und Deutschland (D): USA: 1, 3, 6, 7, 9 D: 2, 4, 5, 8

B. Wer weiß—gewinnt! 1. c 2. a 3. c 4. d 5. a 6. b

C. *Vergammelte Speisen* **(Die Prinzen):** 1. Eier, Sachsen, Essen, winken, Pilze, schmeckt, Asche, Fischöl

Speise	Warum Schlecht?	Bundesland
Eier	Schlecht riechend	Bayern
Schweinehaxen	sind radioaktiv	Sachsen
Leberwurst	mit Schaben	Schwaben
Pilze	sind verschimmelt	—
Törtchen	völlig verdreckt	—
Sandwich	mit Asche bestreut	—
Plätzchen	ist in Fischöl getaucht	—

KAPITEL 9: KINDHEIT UND JUGEND

Kindheit

Schriftliche Aktivitäten

A. Kreuzworträtsel: Josefs Kindheit

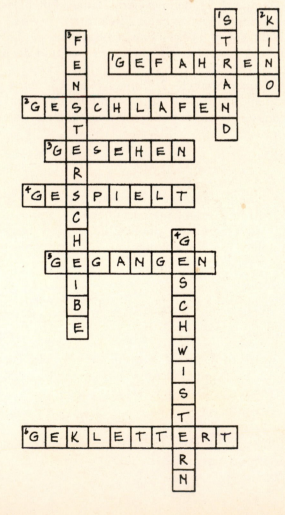

B. **Haben Sie das als Kind gemacht? Mit wem?** (*Answers will vary*): 1. Ja, ich bin auf Bäume geklettert. / Nein, ich bin auf keine Bäume geklettert. 2. Ja, ich habe einen Schneemann gebaut. / Nein, ich habe keinen Schneemann gebaut. 3. Ja, ich habe Märchen gelesen. / Nein, ich habe keine Märchen gelesen. 4. Ja, ich habe Kreuzworträtsel gelöst. / Nein, ich habe keine Kreuzworträtsel gelöst.

Hörverständnis
A. **Kindheit:** Rolf: Fußball spielen, Tennis spielen, Volleyball spielen, ins Freibad gehen, schwimmen; Katrin: ans Meer fahren, schwimmen

Jugend

Schriftliche Aktivitäten
B. **Aus Claires Tagebuch:** 1. Als 2. wenn 3. Als 4. Wenn 5. Als 6. Als 7. wenn 8. Als 9. Wenn

Hörverständnis
A. **Rollenspiel: Das Klassentreffen:** Michael hat nach der Schule bei der Sparkasse eine Lehre gemacht. Petra hat nach der Schule Germanistik und Amerikanistik in Köln studiert. Petra arbeitet jetzt bei ihren Eltern im Geschäft.
B. **Michael Puschs erste Freundin:** 1. 15 2. Auf einer Party 3. An einen See gefahren 4. Um 9 Uhr 5. Um 11 Uhr 6. Weil er länger geblieben ist 7. Coras Tochter
C. **Juttas neue Frisur:** 1. R 2. R 3. F: Sie sind violett und grün. 4. F: Er findet sie hässlich. 5. F: Er hatte einmal langes Haar.
D. **Der Flirt mit dem Süden:** 8, 3, 1, 5, 6, 2, 7, 4

Geschichten

Schriftliche Aktivitäten
A. **Ein wichtiger Termin:** 1. hatte 2. wollte 3. ging 4. stellte 5. aufwachte 6. sah 7. war 8. war 9. sprang 10. rannte 11. duschte 12. zog 13. ging 14. hatte 15. bekam 16. war 17. stand 18. ankam 19. fuhr

Hörverständnis
A. **Bildgeschichte: Als Willi mal allein zu Hause war:** 6: dachte 12: fand 8: versteckte 9: fuhr . . . los 1: war 7: hatte . . . rief . . . an 5: schaute . . . sah 11: ging 4: hörte 2: waren 10: fing . . . an . . . wurde 3: lag . . . konnte
B. **Bildgeschichte: Beim Zirkus:** 1. d 2. f 3. h 4. c 5. g 6. a 7. b 8. e 9. i 10. j

Märchen

Schriftliche Aktivitäten
Was ist passiert, nachdem . . . ?
1. . . . , legte er sich ins Bett und schlief. 2. . . . , musste er viel essen. 3. . . . , probierte es den Schuh an. 4. . . . , ging es zur Großmutter. 5. . . . , fielen die Sterne als Taler vom Himmel. 6. . . . , schlief es hundert Jahre.

Hörverständnis
A. **Bildgeschichte: Dornröschen:** 11: wachten . . . auf 9: kam 2: bekam 6: stach 12: heirateten 4: verwünschte 5: änderte 10: küßte 1: wollten 7: schlief 8: wuchs 3: vergaßen
B. **Märchen:** 1. Rotkäppchen 2. Rumpelstilzchen 3. Hänsel und Gretel 4. Dornröschen 5. Schneewittchen 6. der Froschkönig
C. **Der unglückliche Wolf:** 1. war 2. hieß 3. trug 4. sagte 5. antwortete 6. sagte 7. fuhr 8. war 9. war 10. überfuhr 11. sah 12. schnitt 13. kam

Aussprache und Orthographie

Aussprache (1. Teil)

A. 1. Herr Hopf 2. Herr Kupper 3. Frau Fahl 4. Frau Pfellmann 5. Frau Hopfel 6. Herr Höffner

C. 1. unterwegs 2. Max 3. Felix 4. Augsburg 5. Sachsen 6. Mexiko 7. Luxemburg 8. Cuxhaven 9. Niedersachsen 10. Sachsen-Anhalt

E. 1. die Katze 2. der Zwerg 3. der Prinz 4. die Prinzessin 5. der Zahnarzt 6. das Rätsel 7. der Schatz 8. die Pizza 9. der Spielplatz 10. der Zirkus 11. die Metzgerei 12. der Parkplatz

G. 1. du schimpfst (5) [mfpst] 2. du wäschst dich (3) [ʃst] 3. du sitzt (3) [tst] 4. du brauchst etwas (3) [kst] 5. die Gaststätte (4) [stʃt] 6. die Fremdsprache (5) [mtʃpr] 7. die Textstelle (5) [kstʃt] 8. der Strafzettel (3) [fts] 9. die Geschäftsreise (4) [ftsr] 10. der Marktplatz (5) [rktpl]

Orthographie (1. Teil)

1. Zimmerpflanze 2. Zentralheizung 3. Jahreszeiten 4. Weihnachtskerze 5. Zeitungstext
6. Zahnmedizin 7. Sprechsituation 8. Aussprachetest 9. inzwischen 10. zuletzt

Aussprache (2. Teil)

1. USA 2. ABC 3. DAAD (Deutscher Akademischer Austauschdienst) 4. ICE (Intercityexpress)
5. GmbH (Gesellschaft mit beschränkter Haftung) 6. WC 7. UNO 8. Euro 9. Kripo (Kriminalpolizei) 10. Telekom 11. U-Bahn 12. Zivi (Zivildienstleistender)

Orthograpie (2. Teil)

1. küssen 2. grüßen 3. sich interessieren 4. aufpassen 5. aussehen 6. Salatschüssel
7. Festessen 8. Fernsehsessel 9. Musikprofessor 10. Hausschlüssel

Kulturecke

A. Jung sein in Deutschland: 1. a 2. c 3. b 4. d 5. d 6. a

B. Die Märchen der Gebrüder Grimm: 1. Der Froschkönig 2. Aschenputtel 3. Schneewittchen 4. Dornröschen 5. Hänsel und Gretel 6. Rumpelstilzchen 7. Sterntaler 8. Der Wolf und die sieben Geißlein 9. Rotkäppchen 10. Der gestiefelte Kater

C. Die Sterntaler: 1. arm, gut fromm; Kleider auf dem Leib und ein Stück Brot; keine Eltern, kein Kämmerchen und kein Bettchen 2. das Stückchen Brot; seine Mütze; sein Leibchen; sein Röcklein; sein Hemd

Aufsatz-Training

A. Eine Geschichte länger machen: 1. d 2. g 3. i 4. e 5. a 6. b 7. f 8. j 9. h 10. c

KAPITEL 10: AUF REISEN

Reisepläne

Schriftliche Aktivitäten

B. Mini-Dialoge: aus, zu, bei, nach, nach, vom, bei, bei, zum

Hörverständnis

A. Dialog aus dem Text: Am Fahrkartenschalter: 1. gegen Mittag 2. 8.06 Uhr; 12.11 Uhr 3. aus Gleis 10 4. mit VISA 5. 92 Euro

B. Der Diavortrag: 5, 1, 4, 7, 2, 6, 3

Nach dem Weg fragen

Schriftliche Aktivitäten

A. Unterwegs in Regensburg: 1. Neupfarrplatz 2. Haidplatz 3. Dom 4. Emmeramsplatz

Hörverständnis

A. Dialog aus dem Text: Jügen ist bei Silvias Mutter zum Geburtstag eingeladen: 1. ein Lebensmittelgeschäft 2. links 3. einfach geradeaus 4. ganz 5. ein Kreisverkehr 6. direkt auf der anderen Seite

B. Dialog aus dem Text: Claire und Melanie sind in Göttingen und suchen die Universitätsbibliothek:

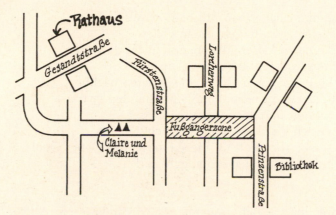

C. Dialog aus dem Text: Frau Frisch findet ein Zimmer im Rathaus nicht: 1. im 3. Stock 2. auf der rechten Seite

D. Nach dem Weg fragen: 1. Er ist nicht aus Köln. 2. das Schild Neumarkt 3. rechts 4. wenn sie den Dom sehen

Die große weite Welt

Schriftliche Aktivitäten

B. An der Hotelrezeption: 1. Ich müsste mal dringend telefonieren, wo geht das? 2. Könnte ich eine E-Mail abschicken? 3. Könnten Sie mich morgen um 7.00 Uhr wecken? 4. Dürfte ich meinen Hund mit auf das Zimmer nehmen? 5. Könnten Sie mir frische Handtücher bringen? 6. Könnten Sie mir eine Flasche Sekt auf das Zimmer bringen? 7. Dürfte ich Sie um einen neuen Bademantel bitten? 8. Ich möchte/hätte gern noch eine Tasse Tee.

Hörverständnis

A. Dialog aus dem Text: Auf Zimmersuche: Herr und Frau Ruf; 3 Nächte; Doppelzimmer mit Dusche, Toilette; mit Frühstück; 54.-Euro pro Nacht

B. Rollenspiel: Im Hotel: 1. F: Ein Doppelzimmer und ein Einzelzimmer sind bis morgen Abend frei. 2. F: Das Einzelzimmer hat nur ein Waschbecken. 3. R 4. R 5. F: 120.-Euro 6. F: von 7.30 bis 10 Uhr 7. R 8. F: eine 9 9. R

C. Eine Reise nach Deutschland: 1. a. bei Freunden b. in einer Pension 2. ein Privathaus, in dem einige Zimmer an Gäste vermietet werden 3. in einer Jugendherberge 4. einen internationalen Jugendherbergsausweis

Kleider und Aussehen

Hörverständnis

A. Nur das Beste für Maria: 1. F: nicht zu sportlich, irgendwas mit Pelz 2. R 3. F: Sie sehen genauso gut aus und sind auch warm.

B. Der neue Anzug: 1. Auf dem Sakko ist ein großer Fleck. 2. Es könnte Fett oder eine Lippenstiftspur sein. 3. in die Reinigung 4. Sie tauschen reduzierte Ware grundsätzlich nicht um. 5. mit dem Geschäftsführer

Aussprache und Orthographie

Aussprache (1. Teil)
A. 1. [ən] 2. [ən] 3. [n] 4. [ŋ] 5. [n] 6. [ən] 7. [n] 8. [m]

Orthographie (1. Teil)
1. Besser viel wissen als viel reden. 2. Erst denken, dann sprechen. 3. Man kann lange sprechen, ohne etwas zu sagen. 4. Man kann alles sagen, aber nicht alles essen. 5. Wer Gutes hören will, muss Gutes sagen. 6. Morgen, morgen, nur nicht heute, sagen alle faulen Leute.

Aussprache (2. Teil)
A. 1. Das Leben wär viel einfacher, wenn's nicht so schwer wär.
2. Ein leerer Kopf ist leichter zu tragen als ein voller.
3. Lehrer helfen Probleme zu klären, die ohne sie nicht da wären.
4. Jeder redet vom Energiesparen. Ich spare meine.
5. Alle Schüler sind klug: die einen vorher, die anderen nachher.
6. Am Vormittag hat der Lehrer recht, am Nachmittag hat er frei.
7. Am Tage lehrt er Kinder, und abends leert er Gläser.
8. Lieber zwei Jahre Ferien als überhaupt keine Schule.
B. 1. Liebe Kinder! 2. Lieber Bruder! 3. Liebe Eltern! 4. Lieber Opa! 5. Liebe Oma! 6. Liebe Freunde! 7. Lieber Schatz! 8. Liebe Familie Bauer!

Orthographie (2. Teil)
1. Politiker 2. Reisebüroleiter 3. Bahnbeamter 4. Zoodirektor 5. Autoverkäufer
6. Gemüsehändler 7. Kinderärztin 8. Fernsehmoderator 9. Nachrichtensprecher
10. Kriminalromanautor

Kulturecke
A. Wer weiß—gewinnt! 1. b 2. c 3. a 4. d 5. a 6. c 7. c 8. d 9. a 10. c
B. Ivan Illich und??? ILLICH: 1, 2, 4, 7, 8, 11, 12 DER SCHAUSPIELER HEIßT: Arnold Schwarzenegger
C. Sehnsucht nach dem Frühling: 1. FRÜHLING: die Bäume sind grün, am Bach blühen Veilchen, die Vögel singen; spazieren gehen, sich die Natur / die Veilchen ansehen, auf dem Rasen springen, (auf dem Steckenpferd reiten / im Garten spielen) WINTER: es gibt Schnee, es ist schmutzig; im Schnee traben, abends Gesellschaftsspiele machen, Häuser aus Karten bauen, Blindekuh und Pfand spielen, Schlitten fahren 2. 1. b 2. c 3. d 4. a 3. im Winter; ein Kind

KAPITEL 11: GESUNDHEIT UND KRANKHEIT

Krankheit

Hörverständnis
A. Die Zwillinge sind krank: HELGA: hohes Fieber, rote Pusteln, Husten, Kopfschmerzen
SIGRID: hohes Fieber, rote Pusteln, apathisch, Bauchschmerzen
Frau Schmitz soll das Fieber mit kalten Umschlägen senken.
B. Maria Schneiders Aerobic-Kurs: 1. im Fitness-Center 2. einen Muskelkater 3. Aerobic
4. anstrengende Gymnastik mit Musik 5. fast 50 Minuten 6. in die Sauna 7. für die Massagen
C. Michael ist krank: 1. a. nein b. ja c. nein d. ja e. ja 2. a. ja b. nein c. ja d. nein
3. Chips essen und das Fußballspiel ansehen

Körperteile und Körperpflege

Schriftliche Aktivitäten

A. Kreuzworträtsel: Lösungswort: schminke

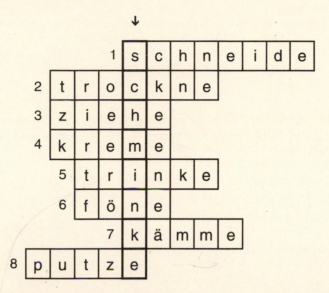

B. Gitterrätsel: der: Mund, Rücken, Bauch, Kopf, Hals   das: Herz   die: Zunge, Nase, Lunge   Plural: Beine, Hände, Ohren, Füsse, Augen, Arme, Lippen

C. Was machen Sie mit diesen Körperteilen? 1. Mit den Zähnen kaue ich.   2. Mit den Ohren höre ich.   3. Mit den Augen sehe ich.   4. Mit den Händen greife ich.   5. Mit der Lunge atme ich.   6. Mit den Beinen gehe ich.   7. Mit dem Gesäß sitze ich.   8. Mit dem Magen hungere ich.   9. Mit dem Gehirn denke ich.   10. Mit den Lippen küsse ich.

D. Sie sind Babysitter bei Familie Frisch: 1. Ich wasche mir die Hände.   2. Ich putze mir die Zähne.   3. Ich kämme mir die Haare.   4. Ich kreme mich ein.   5. Ich ziehe mir den Schlafanzug an.   6. Ich lege mich ins Bett.

E. Rosemarie kann doch nicht alles allein: 1. Kannst du sie mir kämmen?   2. Kannst du ihn mir anziehen?   3. Kannst du es mir vorsingen?   4. Kannst du ihn mir zeigen?   5. Kannst du es mir holen?   6. Kannst du sie mir schenken?

Hörverständnis

A. Bildgeschichte: Maria hat eine Verabredung: 1. a. gekommen   b. ausgezogen   c. geduscht   d. abgetrocknet   e. geputzt   f. geschnitten   g. gefönt   h. eingekremt   i. geschminkt   j. angezogen   2. a. Ich bin von der Arbeit nach Hause gekommen.   b. Ich habe mich ausgezogen.   c. Ich habe mich geduscht.   d. Ich habe mich abgetrocknet.   e. Ich habe mir die Zähne geputzt.   f. Ich habe mir die Fingernägel geschnitten.   g. Ich habe mir die Haare gefönt.   h. Ich habe mir die Beine eingekremt.   i. Ich habe mich geschminkt.   j. Ich habe mir ein schönes Kleid angezogen.

Arzt, Apotheke, Krankenhaus

Schriftliche Aktivitäten

A. In der Notaufnahme: 1. blutet, Spritze, Medikamente, geröntgt, gebrochen   2. Blut, Hausarzt, desinfizieren, Verband, Rezept, Apotheke

B. Gute Ratschläge: 1. Iss weniger und beweg dich mehr!   2. Trink warmen Tee!   3. Geht in die Sauna!   4. Iss mehr Obst!   5. Machen Sie mehr Sport!   6. Fahr ein paar Tage weg!

Hörverständnis

A. Dialog aus dem Text: Herr Thelen möchte einen Termin beim Arzt: ich hätte gern einen Termin; Das ist mir eigentlich egal; das passt gut.

B. Dialog aus dem Text: Frau Körner geht in die Apotheke: 1. F   2. R

C. Dialog aus dem Text: Frau Frisch ist bei ihrem Hausarzt: Ihnen; mich; mir; klingt

D. Rollenspiel: Anruf beim Arzt: Während des Hörens: Frau Breidenbach hat Herzrasen, keinen Appetit und ist immer müde. Ihr Magen ist nervös, und sie hat ein Druckgefühl im Bauch. Dr. Blömer verschreibt ihr ein Beruhigungsmittel. Sie soll einen Ausgleichssport machen (Kurs zur Stressreduzierung besuchen).

E. „Aktren": Das neue Schmerzmittel von Bayer: 1. Ibuprofen   2. a. gegen Kopfschmerzen b. gegen Zahnschmerzen   c. gegen Fieber   3. niedrig dosiert

Unfälle

Schriftliche Aktivitäten

A. Was ist passiert? 1. Jürgen hat sich in den Finger geschnitten.   2. Maria hat sich das Bein gebrochen.   3. Hans hat sich die Zunge verbrannt.   4. Zwei Autos sind zusammengestoßen. 5. Mehmet hat sich verletzt.

Hörverständnis

A. Bildgeschichte: Paulas Unfall: 1. e   2. f   3. a   4. d   5. g   6. b   7. j   8. c   9. h   10. i

B. Michael Pusch als Zeuge: 8, 6, 4, 2, 3, 7, 1, 5

Aussprache und Orthographie

Aussprache (1. Teil)

B. 1. ansehen, angeben, angehen, anbringen   2. aussehen, ausgeben, aussuchen, ausgehen 3. wegsehen, weggeben, weggehen, wegbringen   4. wiedersehen, wiedergeben, wiederbringen

C. 1. aussehen   2. aussuchen   3. wiedersehen   4. ausgehen, weggehen.   5. ausgeben

Orthographie (1. Teil)

1. Schweigen ist gut, reden ist besser.   2. Wer etwas Gutes weiß, soll nichts Böses sagen.   3. Wer nichts Gutes tut, kann nichts Gutes bekommen.   4. Das Halbe ist oft besser als das Ganze.   5. Wenn das Gute fehlt, muss man das Bessere nehmen.   6. Machst du es gut, so hast du es gut.

Aussprache (2. Teil)

A. 1. Mütter – Mutter   2. Bruder – Brüder   3. Töchter – Tochter   4. Väter – Vater   5. Schaden – Schäden   6. fuhren – führen   7. verwunschen – verwünschen   8. schön – schon   9. läuft – lauft 10. lässt – lasst

B.

Infinitiv	1. Person	2. Person	3. Person	Substantiv
fahren	ich fahre	du fährst	er fährt	der Fahrer
schlafen	ich schlafe	du schläfst	er fährt	der Schläfer
tragen	ich trage	du trägst	er trägt	der Träger
waschen	ich wasche	du wäschst	er wäscht	der Wäscher
raten	ich rate	du rätst	er rät	der Rater
schlagen	ich schlage	du schlägst	er schlägt	der Schläger
laufen	ich laufe	du läufst	er läuft	der Läufer
kaufen	ich kaufe	du kaufst	er kauft	der Käufer

Orthographie (2. Teil)
1. Unfall, Unfälle   2. Zahnarzt, Zahnärzte   3. Krankenhaus, Krankenhäuser   4. Verband, Verbände
5. Schlafanzug, Schlafanzüge   6. Lärmbelästigung, Lärmbelästigungen   7. Kinderärztin,
Kinderärztinnen   8. Unfallschaden, Unfallschäden   9. Erkältung, Erkältungen
10. Lungenentzündung, Lungenentzündungen

Kulturecke
A. **Interessantes aus der deutschen Kultur:** 1. täglich   2. Männer   3. 100%   4. seit über 100 Jahren
5. 12–13%   6. ja
B. **Wer weiß—gewinnt!** 1. c   2. c   3. a   4. d   5. d   6. d   7. c   8. d   9. c   10. c
C. **Naturwissenschaft und Medizin im deutschsprachigen Raum:** BEHRING: 1894, Medizin (1901);
EHRLICH: Chemotherapie, 1907; FREUD: Psychoanalyse; RÖNTGEN: Röntgenstrahlen, Physik (1901);
MEITNER: Wien, Kernspaltung, 1938/9; KOCH: Clausthal (Harz), Tuberkulosebakterium und
Choleraerreger; MENDEL: 1865
D. **Der geheilte Patient:** 1. A, R, A, R, R, A, R, R, R, R   2. 4, 1, 3, 10, 2, 5, 9, 6, 7, 8

KAPITEL 12: PARTNER

Familie, Ehe, Partnerschaft

Schriftliche Aktivitäten
A. **Familienmitglieder:** 1. Meine Großmutter ist die Mutter meines Vaters oder meiner Mutter.
2. Meine Kusine ist die Tochter meiner Tante oder meines Onkels.   3. Mein Neffe ist der Sohn
meiner Schwester oder meines Bruders.   4. Mein Urgroßvater ist der Vater meines Großvaters oder
meiner Großmutter.   5. Meine Schwägerin ist die Frau meines Bruders.

Hörverständnis
A. **Das Leben einer unverheirateten Frau:** 1. F: Ihr Leben gefällt ihr, wie es ist.   2. R   3. F: Sie
kennt keinen Mann, den sie heiraten will   4. R   5. F: Ihr Beruf macht ihr Spaß   6. R
B. **Klatsch in der Isabellastraße:** HERR RUF: er sitzt zu hause und spielt den Hausmann, seine Bücher
sind ein bisschen neurotisch, sehr modern; er rennt dauernd zum Arzt und geht zur Apotheke; er
überarbeitet sich nicht; er hat einen Bierbauch bekommen
FRAU RUF: verdient das Geld; soll sehr erfolgreich im Beruf sein; sie ist den ganzen Tag nicht da;
kümmert sich nicht um die Kinder; sie macht alles im Haushalt
JUTTA RUF: sieht furchtbar aus mit dieser Frisur; zieht sich furchtbar an; mit ihrem Punkfreund ist
es aus; soll mit einem Ausländer (Türke oder Araber) zusammen sein

Schriftliche Aktivitäten
C. **Noch ein Auszug aus Jochen Rufs Roman:** 1. F   2. F   3. F   4. M   5. M   6. M   7. F   8. F
9. M

Multikulturelle Gesellschaft

Hörverständnis
A. **Gespräch über die Situation der Türken in Deutschland.** (*Possible answers*): 1. mit den Türken; die
Deutschen haben sehr viele Vorurteile; die Türken kommen aus einem anderen Kulturkreis und
haben eine andere Religion   2. Sie leben anders, kleiden sich anders, viele Frauen tragen ein
Kopftuch oder Hosen unter den Kleidern, sie fallen sofort auf   3. Viele Männer sind aus der
Türkei gekommen, um hier zu arbeiten. Später haben sie dann ihre Familien nachgeholt.
4. Manche Leute glauben, dass die Türken den Deutschen die Arbeitsplätze wegnehmen.   5. Die
meisten sprechen besser Deutsch als Türkisch; viele kennen die Heimat ihrer Eltern nur als
Urlaubsland; mit den Traditionen hätten wahrscheinlich die Mädchen die meisten Probleme, weil
sie in Deutschland viel freier aufgewachsenen sind.   6. Alle Gruppen sollten sich besser kennen
lernen, das würde dann auch die Angst vor dem Fremden, vor dem Unbekannten nehmen.
B. **Juttas neuer Freund:** 1. R   2. F: nicht immer   3. R   4. R   5. F: Sie halten noch immer an ihren
Traditionen fest   6. R

Tiere

Schriftliche Aktivitäten

Was wird (manchmal/oft) mit diesen Tieren gemacht? (*Possible answers*): 1. Mücken werden oft erschlagen. 2. Wildenten werden oft gejagt. 3. Ratten werden oft vergiftet. 4. Hunde werden oft Gassi geführt. 5. Pferde werden oft geritten. 6. Kühe werden oft gemolken. 7. Fische werden manchmal geangelt. 8. Kakerlaken werden manchmal zertreten. 9. Truthähne werden oft gegessen. 10. Vögel werden im Winter oft gefüttert.

Hörverständnis

A. Bildgeschichte: Lydias Hamster: 4: aufstand, 8 10: fand 7: entdeckt 3: vergaß 1: bekam 5: suchte 9: suchte, schaute 2: spielte 6: fand

Kunst und Literatur

Schriftliche Aktivitäten

Ein Interview mit??? 1. a. Womit arbeiten Sie? b. Woran muss man denken, wenn man ein Kunstprojekt plant? c. Wofür sind Sie in Deutschland bekannt? Wofür in den USA? d. Worüber freuen Sie sich? e. Worauf freuen Sie sich nach einem erfolgreichen Projekt? f. Woran arbeiten Sie zur Zeit? g. Woran arbeiten Sie danach? h. Wovon träumen Sie? 2. richtige Aussagen: a, d, f 3. Ich habe Christo und Jeanne-Claude interviewt.

Hörverständnis

A. Rollenspiel: An der Theaterkasse: Wann beginnt die „Rocky Horror Picture Show"; 20.30 Uhr; Haben Sie noch; aber es gibt nur noch ganz; wo sind die Plätze?; was kosten die Karten?; Können Sie da gar nichts machen?; tut mir leid; dürfen solche Theaterstücke nicht gezeigt werden; Ja, schade; keine andere Möglichkeit ein?; ob Karten nicht abgeholt oder zurückgegeben wurden.

B. Das Theaterprogramm in Berlin: 1. R 2. F: Die Dame empfiehlt ihr „Hamlet". 3. F: Die Aufführung beginnt um 20.30 Uhr. 4. R 5. F: Frau Ruf hat „Hamlet" in London gesehen. 6. R 7. R 8. F: Sie kann die Karte an der Theaterkasse abholen.

C. Frau Ruf ist wieder zu Hause: 1. 7, 4, 5, 2, 3, 10, 1, 8, 6, 9 2. a. 2 b. 5 c. 4 d. 3 e. 1

Aussprache und Orthographie

Aussprache

C. 1. Oh! (*admiration*) 2. Iiii . . . ! (*disgust*) 3. Aha! (*surprise*) 4. Hm. (*agreement*)
5. Au weia! (*pain*) 6. Ach je! (*empathy*)

Orthographie

A. *Long stressed vowel:* Fl**e**dermaus, R**ie**senschildkröte, K**o**libri, B**ie**ne, L**ö**we
Short stressed vowel: K**a**tze, Schn**e**cke, **A**ffe, H**u**nd, Kl**a**pperschlange, W**o**lf, **A**lbatros

B. Ein Gastwirt lässt für sein Restaurant ein Schild malen. Er ist aber mit dem Ergebnis nicht zufrieden und sagt zu dem Maler: Der Zwischenraum zwischen *Bier* und *und* und *und* und *Wein* ist nicht gleichmäßig!

Kulturecke

A. Frauen und Männer in Deutschland: Frauen: 1, 2, 4, 6 Männer: 3, 5
B. Wer weiß—gewinnt! 1. c 2. d 3. b 4. c 5. b 6. d 7. b 8. c 9. d 10. a 11. c
C. Tiere in Sprichwörtern: 1. Hunde 2. Huhn 3. Gaul 4. Fliegen 5. Esel 6. Katze 7. Mäuse
D. Der Anfang von Goethes *Faust*: 1. a. Z. 1–4 b. Z. 5–6 c. Z. 7 d. Z. 8–10 e. Z. 11 f. Z. 13–14 g. Z. 15–16 h. Z. 17 i. Z. 19–20 j. Z. 21 k. Z. 23 l. Z. 24–26 2. (*Possible answers*): a. Ich meine, dass Faust nach Bildung und Wahrheit sucht. b. Zuerst hat er studiert. c. Jetzt versucht er es mit der Magie und dem Teufel.

E. **Goethe als Student in Leipzig:** richtig: a, b, d, g, h
F. **Ein Gedicht über die Liebe:**
Woher sind wir geboren?
Aus Lieb.
Wie wären wir verloren?
Ohn Lieb.
Was hilft uns überwinden?
Die Lieb.
Kann man auch Liebe finden?
Durch Lieb.
Was läßt nicht lange weinen?
Die Lieb.
Was soll uns stets vereinen?
Die Lieb.

       Goethe